LES MEILLEURES RECETTES
LES TECHNIQUES ET ASTUCES DES CHEFS

ÉDITO

Pour cette deuxième saison, *TOP CHEF* atteint des records de technique, de créativité et de gourmandise !

Rien étonnant vu la qualité des candidats de ce nouveau cru sélectionnés pour leurs talents, leur courage et leur savoir-faire. Ils ont su impressionner le public… et le jury ! Que ce soit l'inventivité d'Adrien, la compétence de David, l'instinct de Paul Arthur, la volonté de réussir de Ludovic, la générosité de Tiffany, la maîtrise de Fanny, le professionnalisme de Stéphanie, l'expérience de Ronan, la subtilité de Matthieu, l'originalité d'Abraham, l'intuition de Pierre Sang, et la spontanéité d'Alexis, la Cuisine avec un grand « C » n'a jamais été aussi bien servie. Les recettes de ces « jeunes pousses » de la grande cuisine française en sont bien la preuve !

Jean-François Piège, Ghislaine Arabian, Thierry Marx, Christian Constant et Cyril Lignac sont également mis à l'épreuve cette saison et vous livrent 8 recettes succulentes ! À lire aussi, les pages de techniques culinaires pour connaître les secrets de chefs qui font toute la différence !

LES CANDIDATS — 4
LES DEMI-FINALISTES — 6

LE JURY EN RECETTE — 8
GHISLAINE ARABIAN — 8
CHRISTIAN CONSTANT — 12
THIERRY MARX — 16
JEAN-FRANÇOIS PIÈGE — 20
CYRIL LIGNAC — 24

LES ENTRÉES — 28
LES RECETTES DES CANDIDATS — 32
FOCUS SUR LES SALADES — 46

LES PLATS — 70
LES RECETTES DES CANDIDATS — 72
FOCUS SUR LES POISSONS — 76

LES DESSERTS — 122
LES RECETTES DES CANDIDATS — 124
FOCUS SUR LES PÂTES
ET LES CRÈMES DE LA PÂTISSERIE — 136

INDEX DES RECETTES — 158

LES CANDIDATS

GREGORY
29 ans
Propriétaire et chef
de son restaurant

ABRAHAM
31 ans
Chef de partie

PIERRE SANG
30 ans
Chef de cuisine

RONAN
33 ans
Chef de cuisine

DAVID
28 ans
Professeur de cuisine

FANNY
29 ans
Second de cuisine

MATTHIEU
22 ans
Chef de partie

LES CANDIDATS

STÉPHANIE
28 ans
Sous-chef de cuisine

PAUL ARTHUR
28 ans
Sous-chef de cuisine

CHRISTOPHE
31 ans
Chef de cuisine

ALEXIS
20 ans
Commis de cuisine

ADRIEN
25 ans
Chef de partie

LUDOVIC
22 ans
Sous-chef de cuisine

TIFFANY
22 ans
Chef de partie

LES CANDIDATS DEMI-FINALISTES

STÉPHANIE

Stéphanie est une professionnelle aguerrie : de stages en extra, elle est désormais sous-chef de cuisine, depuis cinq ans déjà. Le sens des responsabilités, cette mère de famille connaît bien ! Ambitieuse, forte de caractère, impatiente, souvent, Stéphanie trace sa route et ne s'en laisse pas compter.
Chacun reconnaît et apprécie en cuisine ses grandes qualités : son honnêteté, son ouverture et son écoute des autres.

PIERRE SANG

De ses origines coréennes, Pierre Sang tire un talent sans égal pour les mélanges audacieux, les combinaisons originales, et les saveurs inédites. Professionnel accompli, il sait commander, mais aussi se faire respecter et écouter les autres. De nature optimiste, Pierre croit en sa bonne étoile et sait qu'il parviendra à faire de grandes choses.

Créatif, toujours en recherche, sa vocation, en cuisine, est un véritable accomplissement.

FANNY

Initiée par sa grand-mère, encouragée par ses parents, Fanny entre tôt en cuisine, tout en étant mère de famille. Pour elle, un bon plat, c'est une histoire de cœur, de plaisir et de partage. Très attentive aux autres, elle est appréciée pour sa générosité. Mais elle sait aussi être opiniâtre, et même têtue quand il le faut.
Sa volonté de réussir et sa grande rigueur lui permettront de viser le sommet ! La preuve : elle a déjà été lauréate d'un concours de cuisine…

LES CANDIDATS DEMI-FINALISTES

GHISLAINE ARABIAN

POUR 20 PERSONNES
Préparation : 20 min
Cuisson : 15 min

VOS INGRÉDIENTS
Pour les saint-jacques
20 noix de Saint-Jacques
20 g de beurre
Sel, poivre

Pour la purée de topinambours
500 g de topinambours
1 citron
30 g de beurre
Huile de truffe
Sel

Pour les chips de topinambours
5 topinambours
Huile de friture

SAINT-JACQUES POÊLÉES PURÉE DE TOPINAMBOURS ET TRUFFE

LA PURÉE DE TOPINAMBOURS
Pressez le citron pour en recueillir le jus. Pelez les topinambours et coupez-les en morceaux.

Faites cuire les topinambours dans une casserole d'eau salée additionnée de jus de citron et de beurre pendant 15 minutes.

Égouttez soigneusement les topinambours et mixez fortement. Au besoin, vous pouvez détendre la purée avec un peu de crème fleurette. Ajoutez l'huile de truffes et mélangez. Réservez au chaud.

LES CHIPS DE TOPINAMBOURS
Détaillez les topinambours en lamelles à l'aide d'une mandoline. Faites-les dorer dans une friteuse, puis égouttez-les et déposez-les sur du papier absorbant.

LES SAINT-JACQUES
Salez et poivrez les noix de Saint-Jacques. Poêlez-les dans le beurre pendant 3 minutes.

Déposez la purée de topinambours dans un petit emporte-pièce, retirez-le, puis déposez la saint-jacques. Ajoutez une fine lamelle de truffe au sommet et déposez des chips de topinambour à côté.

GHISLAINE ARABIAN

POUR 6 PERSONNES
Préparation : 35 min
Cuisson : 40 min

VOS INGRÉDIENTS

Pour la purée de pois cassés
300 g de pois cassés
Garniture aromatique
Huile de noisette

Pour le homard
500 g de homard
Garniture aromatique
1 poireau
20 g de caviar

MÉDAILLON DE HOMARD SUR UNE PURÉE DE POIS CASSÉS À L'HUILE DE NOISETTE ET AU CAVIAR

LA PURÉE DE POIS CASSÉS

Faites cuire les pois cassés avec une garniture aromatique dans deux fois leur volume d'eau salée pendant 30 minutes à couvert.

Égouttez les pois cassés et passez-les au presse-purée. Incorporez de l'huile de noisette et mélangez soigneusement.

Rincez le poireau et coupez-le en tranches fines. Faites-les cuire pendant 10 minutes dans un cuit vapeur.

LE HOMARD

Faites cuire le homard pendant 13 minutes en le plongeant dans un faitout d'eau bouillante salée avec une garniture aromatique. Une fois refroidi, égouttez-le, décortiquez-le et découpez dans la queue 10 médaillons bien réguliers.

Tapissez l'intérieur d'un emporte-pièce d'une tranche de poireau, déposez la purée de pois cassés, et ajoutez le médaillon de homard. Retirez l'emporte-pièce et surmontez de quelques grains de caviar.

LE JURY PRÉSENTE SES RECETTES

CHRISTIAN CONSTANT

MACARONIS TRUFFÉS, CALAMARS AU CHORIZO

POUR 6 PERSONNES
Préparation : 2 h 30 min
Cuisson : 15 min

VOS INGRÉDIENTS

Pour la farce
250 g de Noix de Saint-Jacques
6 blancs d'œufs
200 g de crème fraîche
6 œufs
50 g de beurre pommade
Sel, poivre

Pour les pâtes
100 g de macaronis
30 g de truffes
2 feuilles de gélatine

Pour les calamars au chorizo
600 g de calamars
60 g de chorizo
3 cuillerées à soupe d'huile d'olive
3 cuillerées à soupe de jus de viande
1 botte de basilic

Pour la mousse, coupez finement les saint-jacques au couteau ou au robot, puis tamisez-les. Mélangez cette purée avec les blancs d'œufs, la crème, le sel et le poivre. Réservez.

Faites cuire les macaronis dans une grande casserole d'eau bouillante salée.

Faites ramollir les feuilles de gélatine dans un bol d'eau froide, égouttez-les, puis mélangez-les avec un peu d'eau très chaude afin de les faire fondre.

Écrasez les truffes à la fourchette, passez-les au tamis, puis ajoutez la gélatine et mélangez.

Insérez la purée de truffes dans les macaronis cuits, puis découpez chaque macaroni farci en morceaux d'environ 1 cm. Décoquillez les 6 œufs et videz-les sans les casser.

Chemisez les 6 coquilles d'œufs avec le beurre pommade, puis tapissez toute la coquille de petits morceaux de macaronis truffés (utilisez un cure-dent en bois pour les déposer). Commencez par le milieu de l'œuf, puis remontez en spirale.

Mettez la mousse de saint-jacques dans les œufs chemisés de macaronis. Entourez-les de film alimentaire et faites-les cuire à la vapeur pendant 8 minutes.

Après cuisson, décoquillez les œufs délicatement, puis lustrez-les avec 1 cuillerée à soupe de beurre clarifié (beurre fondu).

Mélangez l'huile d'olive, le jus de viande, le basilic et le chorizo émincés.

Faites cuire pendant 2 à 3 minutes les calamars à la salamandre ou à la poêle.

Dressez les calamars avec l'huile d'olive au basilic et au chorizo et l'œuf au milieu.

LE JURY PRÉSENTE SES RECETTES

CHRISTIAN CONSTANT

POUR 6 PERSONNES
Préparation : 1 h 30 min
Cuisson : 15 min

VOS INGRÉDIENTS
Pour la pâte
300 g de farine
4 jaunes d'œufs
3 œufs entiers
200 g de semoule de blé
30 g de sucre en poudre
75 g de cacao en poudre
30 g de praliné
Pour la crème anglaise
3 jaunes d'œufs
25 cl de lait ½ écrémé
25 cl de crème liquide
80 g de sucre en poudre
Quelques filaments de safran
Pour la ganache au chocolat
375 g de chocolat noir
Pour les clémentines au sucre
3 clémentines
150 g de sucre en poudre
Feuilles de menthe

CANNELLONIS AU CHOCOLAT

Pour la pâte, mélangez tous les ingrédients et réservez au frais pendant 1 heure environ.

Ensuite, aplatissez la pâte à l'aide d'une machine à pâte. Découpez des rectangles dans la pâte au chocolat. Faites-les cuire dans l'eau bouillante pendant 2 minutes. Plongez-les dans de l'eau glacée après cuisson. Déposez-les sur un torchon propre et couvrez-les d'un autre torchon propre.

Préparez la crème anglaise. Faites bouillir la crème liquide et le lait. Mélangez les jaunes d'œufs et le sucre. Versez le lait et la crème sur les œufs et le sucre en remuant et remettez sur le feu. Laissez cuire pendant quelques minutes. Réservez une louche de crème anglaise et mélangez-la avec quelques filaments de safran.

Pour la ganache, versez la crème anglaise restante sur le chocolat noir et mélangez. Réservez au frais pendant 1 heure.

Sur chaque rectangle de pâte au chocolat, déposez à la poche à douille, un trait de ganache. Roulez les cannellonis.

Faites réduire 150 g de sucre dans une poêle jusqu'à ce qu'il devienne mousseux. Roulez les clémentines coupées en quartiers dans le sucre.

Déposez les clémentines autour des cannellonis, versez la crème anglaise au safran et décorez de feuilles de menthe.

THIERRY MARX

POUR 8 PERSONNES
Préparation : 40 min
Cuisson : 15 min

VOS INGRÉDIENTS
1 poulet (2 kg environ)
1 kg de navets
500 g de champignons de Paris
100 g de beurre
4 g de sucre en poudre
1 cuillère à café bombée de farine
1 bouteille de vin rouge
Pour la marinade
1 botte de coriandre
5 cl d'huile de sésame
50 g d'ail
Sel, poivre

POULET EN DEUX CUISSONS, LÉGUMES CARAMÉLISÉS

Découpez le poulet en distinguant les blancs des hauts de cuisse.

Pelez et hachez l'ail. Ciselez la coriandre. Mélangez l'ail, la coriandre et l'huile de sésame. Salez et poivrez. Versez la préparation sur tous les morceaux de poulet et laissez mariner.

Pelez les navets. Plongez-les pendant 10 minutes dans de l'eau bouillante. Ajoutez le suprême de volaille mariné et laissez-le cuire pendant 8 à 10 minutes. Retirez du feu et réservez au chaud.

Mettez une cocotte sur une plaque de cuisson à feu vif. Ajoutez 50 g de beurre et faites rissoler et caraméliser les hauts de cuisse. Saupoudrez de sucre et de farine. Mélangez. Rajoutez les champignons émincés puis versez le vin rouge pour déglacer le plat. Laissez cuire pendant 15 à 20 minutes à feu moyen.

Retirez les hauts de cuisse de la cocotte et laissez réduire le jus à la nappe, jusqu'à l'obtention d'une sauce onctueuse.

Retirez le suprême de volaille de l'eau de cuisson. Récupérez du bouillon de navets. Ajoutez-y le reste du beurre et fouettez pour obtenir une sauce blanche.

Disposez les hauts de cuisse dans les assiettes et nappez de sauce au vin. Déposez à côté les suprêmes de volaille avec la sauce blanche.

Dans un récipient à part, rassemblez les navets agrémentés de quelques copeaux de carottes.

LE JURY PRÉSENTE SES RECETTES

THIERRY MARX

POUR 8 PERSONNES
Préparation : 35 min
Cuisson : 25 min

VOS INGRÉDIENTS
2 carrés d'agneau de 4 côtes
1 kg de pommes de terre BF15
500 g de champignons de Paris
50 g de sarrasin torréfié
3 cl de vinaigre balsamique
100 g de beurre
Sel, poivre

CARRÉ D'AGNEAU, POMMES DE TERRE, CHAMPIGNONS ET JUS À BASE DE VINAIGRE BALSAMIQUE

Découpez les côtes d'agneau. Poêlez-les dans du beurre.

Rincez et émincez les champignons de Paris.

Torréfiez le sarrasin en le passant au four. Faites infuser le sarrasin dans de l'eau chaude.

Pelez les pommes de terre et faites-les cuire dans de l'eau bouillante pendant 10 minutes.

Retirez les côtes d'agneau de la poêle. Faites revenir les pommes de terre dans cette même poêle avec le jus de cuisson des côtes d'agneau. Ajoutez les champignons. Arrosez-les, ainsi que les pommes de terre, avec le thé de sarrasin. Laissez cuire pendant 4 à 5 minutes.

Déglacez avec le vinaigre balsamique. Dressez en enlevant l'os des côtes d'agneau et en récupérant le jus de cuisson des légumes.

JEAN-FRANÇOIS PIÈGE

POUR 4 PERSONNES
Préparation : 1 h
Cuisson : 30 min

VOS INGRÉDIENTS
Pour la viande
1 poularde de 2 kg
2 cubes de bouillon de volaille
Pour la farce fine
4 tranches de pain de mie
1 bouquet de fines herbes (cerfeuil, estragon, ciboulette)
1 tranche d'environ 50 g de terrine de foie gras
Pour les garnitures
1 navet
2 carottes
4 feuilles de chou vert
½ petit céleri boule
100 g de jeunes pousses d'épinards
Pour la sauce
½ l de crème fraîche liquide
½ citron vert
10 cl de vieux xérès
100 g de parmesan
20 g de foie gras
Poivre du moulin, fleur de sel

POULE AU POT

Enlevez les cuisses de la poularde.

Préparez le bouillon de volaille, plongez-y la carcasse et les cuisses avant frémissement et faites cuire pendant 18 minutes. Prenez soin d'écumer pendant la cuisson. En fin de cuisson, égouttez, levez les suprêmes et réservez-les sur une assiette recouverte d'un film alimentaire.

Pelez les carottes, le navet et le céleri. Taillez-les et rincez-les ainsi que les feuilles de chou. Faites cuire les légumes 8 minutes dans le bouillon écumé, blanchissez le chou.

Préparez la farce en hachant le pain de mie, les fines herbes, les cuisses cuites et désossées et le foie gras.

Préparez 4 carrés de film alimentaire, formez au centre de chacun 4 coupelles avec les feuilles d'épinards préalablement blanchies, déposez de la farce et formez une boule de manière à ce qu'elle soit entièrement recouverte de feuilles d'épinards. Fermez bien le film alimentaire et plongez les boules dans le bouillon pendant 10 minutes. Prélevez les zestes de citron vert.

Préparez la sauce : faites réduire le vieux xérès. Mélangez la crème fraîche et le jus de citron, faites chauffer, ajoutez la réduction de vieux xérès, le foie gras coupé en petits morceaux et le parmesan. Mixez.

Prélevez les zestes de citron vert. Dans chaque assiette, déposez un suprême de poularde, la boule de farce, un morceau de céleri, 2 morceaux de carotte et 2 morceaux de navet. Versez un peu de sauce, des zestes de citron sur le suprême, du poivre et de la fleur de sel.

Vous pouvez également terminer en râpant un peu de truffe blanche dessus.

LE JURY PRÉSENTE SES RECETTES

JEAN-FRANÇOIS PIÈGE

POUR 4 PERSONNES
Préparation : 50 min
Cuisson : 15 min

VOS INGRÉDIENTS
4 pommes sucrées
(type jona gold)
4 pommes (type boskoop)
200 g de pâte de coing
4 biscuits en forme d'éventail
4 boules de glace à la vanille
4 cuillerées à soupe de sucre fin

GÂTEAU À LA POMME ET AU COING

Préchauffez le four à 180 °C. Pelez les pommes type boskoop, enlevez le cœur, réservez-en une moitié et taillez le reste en fines tranches de 5 millimètres à la mandoline. Saupoudrez-les de sucre, couvrez de papier d'aluminium et enfournez. Éteignez le four aussitôt et laissez les pommes pendant 10 à 15 minutes.

Rincez les pommes sucrées, enlevez leur cœur, réservez une demi-pomme et taillez le reste en fines tranches de 2 à 3 millimètres.

Coupez les pommes en forme d'écailles plus ou moins grosses. Réalisez un millefeuille en déposant dans un cercle une couche de pommes cuites (les plus grosses écailles), une fine couche de pâte de coing, une couche de pommes crues et ainsi de suite de manière à obtenir un dôme. Réservez au réfrigérateur.

Avant de servir, coupez les 2 demi-pommes réservées en brunoise, mélangez-les et regroupez-les dans l'assiette. Ajoutez une boule de glace à la vanille. Déposez une tranche de gâteau et un éventail sur le côté. Servez aussitôt.

LE JURY **PRÉSENTE SES RECETTES**

CYRIL LIGNAC

POUR 4 BOUCHÉES
Préparation : 20 min
Cuisson : 3 min

VOS INGRÉDIENTS
Pour la garniture
20 g de roquette
80 g de thon albacore au naturel
4 tomates cerise
½ boule de mozzarella
1 œuf
1 cuillerée à soupe d'huile d'olive vierge
1 cuillerée à café de vinaigre balsamique rouge
Sel
Pour le pain perdu
1 brioche non tranchée
50 g de beurre doux
2 œufs frais
20 cl de lait UHT ½ écrémé

LE PAIN PERDU FAÇON PAN-BAGNAT

Émiettez le thon, assaisonnez-le avec la moitié de l'huile d'olive. Réservez.

Coupez les tomates cerise en deux et émincez la mozzarella finement. Réservez au frais.

Préparez la vinaigrette avec le vinaigre balsamique rouge et l'huile d'olive.

Taillez des tranches de brioche de 2 cm d'épaisseur, retirez la croûte. Trempez-les rapidement dans le lait puis dans les œufs battus en omelette.

Dans une poêle chaude, faites fondre le beurre, puis déposez les tranches de brioche. Faites-les bien colorer de chaque côté, puis retirez-les du feu. Découpez-les à l'aide d'un emporte-pièce rond.

Déposez sur les cercles de brioche une fine tranche de mozzarella pour qu'elle puisse fondre et un peu de thon assaisonné d'huile d'olive. Ajoutez un morceau de tomate assaisonné de vinaigrette et de sel fin, puis 1 tranche d'œuf. Répartissez quelques feuilles de roquette et terminez par un cercle de brioche.

CYRIL LIGNAC

POUR 4 PERSONNES
Préparation : 30 min

VOS INGRÉDIENTS

125 g de Carambar® en cubes ou en bâtons

4 esquimaux enrobés de chocolat et d'éclats de noisette

25 cl de lait

25 cl de crème

LE BONBON GLACÉ AU CARAMBAR® ET À LA NOISETTE

Dans une casserole au bain-marie, faites fondre les Carambar® dans la moitié du lait. Quand ils ont fondu, ajoutez la crème liquide et le lait. Versez dans le siphon, ajoutez 2 cartouches de gaz et réservez au frais.

Retirez le chocolat autour des esquimaux sans trop le casser et réservez-le au congélateur.

Retirez la glace du bâtonnet, gardez et rincez le bâtonnet. Réservez la glace au congélateur.

Dans le fond des assiettes, déposez un rond de glace coupé à l'emporte-pièce, puis une noisette de mousse au Carambar® et collez autour les craquants de chocolat. Plantez le bâtonnet au centre et servez aussitôt.

LES ENTRÉES
HORS D'OEUVRE &
MISE EN BOUCHE

FOCUS SUR LES SALADES

POUR 4 PERSONNES
TOASTS OIGNON-COMTÉ

Préparation : 5 min
Cuisson : 5 min

VOS INGRÉDIENTS
1 tranche de pain de campagne
1 cuillerée à soupe d'huile d'olive
50 g d'oignons confits
20 g de comté
1 branche de persil plat

VOS USTENSILES
Emporte-pièce rond
Couteau économe
Poêle

Faites revenir la tranche de pain dans une poêle avec de l'huile d'olive pour la colorer. Retirez-la de la poêle et déposez-la sur un plan de travail.

Détaillez des disques dans la tranche de pain grillé. Posez un peu d'oignons confits au centre.

Avec un économe, réalisez des copeaux de comté et mettez-en un sur chaque toast. Terminez avec une petite feuille de persil.

L'ASTUCE DE PAUL ARTHUR :
Utilisez un petit emporte-pièce rond pour découper les toasts de pain de campagne.

POUR 4 PERSONNES

CANNELLONIS D'ÉPAULE CONFITE AUX SAVEURS D'UN COUSCOUS

Préparation : 1 h
Cuisson : 2 h

VOS INGRÉDIENTS

Huile d'olive
1 épaule d'agneau
1 oignon
1 carotte
6 gousses d'ail
½ botte de coriandre
1 pincée de cumin
1 pincée de raz el hanout
1 oignon cébette
1 courgette
1 navet long
Sel, poivre

VOS USTENSILES

Cocotte
Casserole
Couteau
Chinois
Mandoline

Dans une cocotte, faites dorer pendant quelques minutes l'épaule d'agneau assaisonnée de sel et de poivre dans 3 cuillerées à soupe d'huile d'olive.

Ajoutez l'oignon coupé en deux, la carotte entière épluchée, les gousses d'ail pelées, la coriandre et les épices. Versez de l'eau à hauteur, portez à ébullition, et laissez cuire à feu doux pendant deux heures.

Filtrez le bouillon à travers un chinois, égouttez la viande et effilochez-la. Réservez la carotte.

Coupez le navet en fines lamelles dans le sens de la longueur à l'aide d'une mandoline. Plongez-les quelques secondes dans de l'eau bouillante, égouttez-les aussitôt.

Roulez la viande effilochée dans les lamelles de navet pour former des petits cannellonis.

Taillez la carotte cuite en gros dés, coupez finement la cébette et la courgette pelée en fine julienne. Assaisonnez d'un filet d'huile d'olive.

Dans les assiettes, répartissez délicatement les cannellonis d'agneau, décorez avec les dés de carotte, la cébette et la courgette. Nappez délicatement de bouillon très chaud et servez sans attendre.

L'ASTUCE DE STÉPHANIE :
Goûtez bien le bouillon de cuisson avant de le mettre sur les cannellonis : n'hésitez pas à ajouter un peu plus d'épices, de sel, de poivre…

POUR 4 PERSONNES
BOUCHÉE SUCRÉE-SALÉE D'AVOCAT

Préparation : 35 min
Cuisson : 50 min

VOS INGRÉDIENTS
Pour les avocats
6 avocats
2 citrons verts
1 citron jaune
5 cl de lait de soja
2 g de piment d'Espelette
10 cl d'huile d'olive
Sel
Pour les crudités
1 botte de radis
2 carottes
2 bâtons de céleri
5 g de sel fin
1 botte de coriandre
Ciboulette
10 cl d'huile d'olive
2 pommes granny-smith
1 citron jaune
Sel, poivre
Pour le caramel
100 g de sucre en poudre
100 g de cerneaux de noix
400 g de raisins blancs
3 g de fleur de sel

VOS USTENSILES
Couteau
Robot mixeur
Casserole
Presse-agrumes
Saladier

LES AVOCATS
Épluchez les avocats, placez la chair dans le mixeur avec le jus des citrons, le piment d'Espelette, l'huile d'olive et le lait de soja, puis mixez finement. Salez et réservez.

LES CRUDITÉS
Lavez les radis, les carottes et le céleri à grande eau. Taillez-les en lanières, puis faites-les dégorger avec le sel pendant 10 minutes. Dessalez-les ensuite dans de l'eau fraîche avec des glaçons pendant 5 minutes, puis égouttez-les. Ciselez la ciboulette et la coriandre.
Réunissez les crudités dans un saladier, ajoutez les pommes coupées en dés, les herbes ciselées et l'huile d'olive. Assaisonnez de jus de citron, de sel et de poivre. Réservez.

LE CARAMEL
Placez le sucre dans une casserole et faites chauffer pour obtenir un caramel. Ajoutez les noix concassées, le sel et les raisins hachés. Retirez du feu.

Dans des petites coupelles ou des cuillères, déposez de la purée d'avocat, ajoutez des lanières de crudités et terminez par un peu de caramel aux noix et aux raisins.

L'ASTUCE DE PIERRE SANG :
Réservez la préparation à l'avocat dans une poche à douille pour éviter l'oxydation de la chair.

POUR 4 PERSONNES
ŒUF MOLLET DES BOIS

Préparation : 1 h
Cuisson : 20 min

VOS INGRÉDIENTS
Pour les œufs mollets
4 œufs extra-frais
Pour la crème de girolles
½ oignon
3 noix de beurre
1 poignée de girolles
4 cuillerées à soupe
de crème épaisse
1 branche de thym
1 gousse d'ail
Sel, poivre
Pour les cèpes
4 cèpes
Beurre
Quelques brins de coriandre
Sel, poivre
Pour les chips de salsifis
2 salsifis
Huile de friture

VOS USTENSILES
Couteau économe
Passoire fine
Robot mixeur
Friteuse
Casseroles
Écumoire
Papier absorbant
Poêle

LES ŒUFS MOLLETS
Plongez délicatement les œufs dans une casserole d'eau frémissante pendant 5 minutes, puis retirez-les à l'aide d'une écumoire et plongez-les dans la glace pour les refroidir. Enlevez les coquilles et réservez les œufs.

LA CRÈME DE GIROLLES
Dans une casserole, faites cuire à feu doux l'oignon haché dans une noix de beurre chaud pendant 2 à 3 minutes. Ajoutez des girolles et mélangez. Versez la crème, le thym et l'ail haché, puis laissez frémir pendant 10 minutes.

Retirez les girolles du feu, enlevez le thym, puis mixez finement. Filtrez ensuite la préparation à travers une passoire fine. Salez, poivrez et réservez au chaud sans faire bouillir.

LES CÈPES
Tranchez la moitié des cèpes dans la longueur. Poêlez-les avec 1 noix de beurre. Assaisonnez.

Coupez les autres cèpes en dés, faites-les sauter au beurre pendant quelques minutes, puis ajoutez la coriandre hachée. Réservez.

LES CHIPS DE SALSIFIS
Avec un économe, pelez les salsifis, puis débitez-les en fins copeaux. Faites-les frire pendant quelques instants à 180 °C pour les dorer. Égouttez-les sur du papier absorbant.

Sur les assiettes, répartissez les cèpes sautés en petits dés en formant des cercles. Déposez par-dessus les œufs mollets. Nappez les œufs avec les girolles à la crème bien chaudes. Décorez harmonieusement les assiettes avec les tranches de cèpes et les chips de salsifis. Servez aussitôt.

L'ASTUCE D'ALEXIS :
Pour écaler les œufs mollets sans les casser, tapotez leur coquille avec le dos d'une cuillère pour la fendre, puis enlevez peu à peu les éclats de coquille. Rincez-les ensuite délicatement.

POUR 4 PERSONNES

FILET DE TRUITE ET SES FRUITS DE LA PASSION

Préparation : 1 h
Mariné : 30 min

VOS INGRÉDIENTS

Pour le poisson mariné
320 g de filet de truite saumonée
2 fruits de la passion
1 cuillerée à soupe de baies roses
1 cuillerée à soupe de moutarde à l'ancienne
3 citrons verts
10 cl d'huile d'olive
Sel, poivre

Pour le décor
12 feuilles de céleri
12 feuilles de choux de Bruxelles
4 feuilles d'endive
½ botte de ciboulette
2 cébettes
1 pomme granny-smith
12 feuilles de roquette
½ baguette à l'ancienne

VOS USTENSILES
Couteau
Blender
Pinceau
Petite passoire

LE POISSON MARINÉ
Découpez le filet de truite en très fines tranches et répartissez-les sur les assiettes de service ou dans un plat. Réservez au réfrigérateur.

Coupez les fruits de la passion en deux, récupérez la pulpe avec une cuillère et filtrez-la à travers une petite passoire pour récupérer le jus.

Mixez finement les baies roses, la moutarde, le jus des citrons verts, le jus des fruits de la passion et l'huile d'olive. Salez et poivrez.

Assaisonnez le carpaccio au pinceau avec la marinade en le badigeonnant délicatement. Laissez mariner le poisson pendant 30 minutes au réfrigérateur.

LE DÉCOR
Lavez les feuilles de céleri, de choux et d'endive. Coupez-les, ainsi que les cébettes et la pomme, en fines lamelles.

Coupez deux tranches de pain par personne. Décorez le carpaccio en déposant harmonieusement par-dessus les feuilles de roquette, les brins de ciboulette et tous les ingrédients coupés en lamelles. Servez bien frais accompagné de pain.

L'ASTUCE DE STÉPHANIE :
Pour obtenir un carpaccio fin et régulier, tapotez le filet de poisson avec une casserole entre deux feuilles de film alimentaire avant de le tailler en tranches.

POUR 4 PERSONNES
GIGOT AUX POIVRONS

Préparation : 30 min
Cuisson : 30 min

VOS INGRÉDIENTS
1 gigot désossé par le boucher
4 gousses d'ail
2 brins de thym frais
1 pincée de piment d'Espelette
1 citron
5 cl d'huile d'olive + huile pour la cuisson
1 poivron
50 g de trompettes de la mort
Fleur de sel

VOS USTENSILES
Poêle
Couteau
Couteau bien aiguisé
Presse-agrumes

Préchauffez le four à 200 °C. Frottez le gigot avec l'ail et le thym, puis assaisonnez-le avec la fleur de sel et le piment d'Espelette. Ficelez-le ensuite pour lui rendre un peu sa forme d'origine et faciliter la cuisson.

Placez le gigot sur la plaque du four, arrosez-le d'un filet d'huile d'olive et enfournez-le pour 30 minutes de cuisson. Retirez-le du four et laissez-le refroidir complètement. Placez-le au réfrigérateur et réservez-le.

Ôtez les ficelles qui entourent le gigot, puis taillez ce dernier en fines tranches à l'aide d'un couteau bien aiguisé.

Réalisez la marinade en mélangeant le jus du citron avec l'huile d'olive et de la fleur de sel.

Épépinez le poivron, coupez-le en morceaux. Lavez les champignons. Poêlez les deux légumes pendant quelques minutes dans un peu d'huile d'olive et salez légèrement.

Présentez les tranches de gigot dans les assiettes, déposez par-dessus des poivrons et des champignons. Agrémentez le tout avec un peu de marinade au jus de citron.

L'ASTUCE DE PAUL ARTHUR :
Pour que votre gigot aux poivrons soit parfaitement réussi, confectionnez les assiettes comme indiqué, puis laissez-les mariner avec la sauce au citron pendant quelques minutes avant de les servir, justes fraîches.

POUR 4 PERSONNES
PARMENTIER D'AGNEAU AUX OLIVES NOIRES ET CORIANDRE

Préparation : 1 h
Cuisson : 55 min

VOS INGRÉDIENTS
Pour le gigot
3 champignons de Paris
2 carottes
2 oignons
2 gousses d'ail
10 cl de vin blanc
30 g d'olives dénoyautées
1 branche de thym
1 gigot d'agneau désossé et coupé en morceaux
Huile d'olive
Sel, poivre

Pour les pommes de terre
2 grosses pommes de terre
1 noix de beurre
1 pincée de noix de muscade
1 botte de coriandre
Sel, poivre

VOS USTENSILES
Cocotte
Casserole
Couteau
Tamis
Hachoir
4 emporte-pièces ronds

Faites chauffez un peu d'huile d'olive dans une cocotte. Pelez et coupez en petits morceaux les champignons, les carottes et les oignons. Pelez l'ail. Faites revenir l'ensemble pendant 5 minutes jusqu'à obtention d'une légère coloration.

Versez le vin blanc dans la cocotte, ajoutez le gigot coupé en morceaux, les olives hachées et les sommités de thym. Versez de l'eau à hauteur. Assaisonnez et cuisez 40 minutes à couvert.

Pendant ce temps, épluchez les pommes de terre et coupez-les en petits dés. Plongez-les dans de l'eau froide salée, portez à ébullition et faites-les cuire pendant 10 minutes.

Égouttez les pommes de terre et passez-les au tamis. Transvasez la pulpe ainsi obtenue dans une casserole avec le beurre, la noix de muscade, du sel et du poivre. Réservez.

Une fois le gigot confit, égouttez-le. Hachez-le grossièrement avec toute la garniture de cuisson et la coriandre. Mélangez bien et rectifiez l'assaisonnement.

Déposez un emporte-pièce rond sur chaque assiette, remplissez-les aux deux tiers de gigot et de sa garniture hachée. Terminez par une couche de purée de pommes de terre. Égalisez la surface avec une cuillère. Retirez délicatement l'emporte pièce et servez aussitôt.

L'ASTUCE DE FANNY :
Surtout, ne hachez pas le gigot d'agneau et sa garniture trop finement : de beaux morceaux doivent être apparents.

POUR 2 PERSONNES
ROULÉ DE BLETTES AU CHÈVRE FRAIS

Préparation : 20 min
Cuisson : 20 min

VOS INGRÉDIENTS
1 tige de blette
1 tranche de lard
120 g de chèvre frais
1 jaune d'œuf
Beurre
Sel, poivre

VOS USTENSILES
Casserole
Passoire
Couteau

Séparez le vert du blanc de la tige de blette. Faites bouillir une casserole d'eau salée et plongez-y le vert de blette pendant 15 à 20 secondes. Égouttez-le et plongez-le dans de l'eau froide. Laissez égoutter dans une passoire.

Préchauffez le four à 175 °C. Préparez la farce. Coupez le lard en petits dés et faites-les cuire à la poêle, à feu moyen, pendant 4 à 5 minutes en remuant.

Dans un bol, mélangez le lard avec le fromage de chèvre émietté. Ajoutez le jaune d'œuf, salez, poivrez et mélangez.

Coupez le vert de blette en deux et étalez-le devant vous. Répartissez la farce dessus et roulez.

Déposez les rouleaux sur une plaque à four légèrement beurrée. Enfournez pour 15 minutes de cuisson. Servez chaud.

L'ASTUCE D'ABRAHAM :
Choisissez une tige de blette riche en vert, nécessaire pour la recette. Vous pouvez également le remplacer par des feuilles d'épinards.

VARIEZ VOS SALADES COMME UN GRAND CHEF ET NE SOYEZ PLUS À COURT D'IDÉES, NI DE TEMPS : UNE SALADE, CE DOIT ÊTRE VITE FAIT, BIEN FAIT !

Quelles salades choisir

LES LAITUES : PAS CHÈRES ET PLUTÔT NEUTRES
Laitue pommée
Elle peut être grosse ou petite, verte ou vert et rouge, comme la succulente rougette. À découvrir aussi la délicieuse sucrine.

Laitue batavia
Ses feuilles, assez dentelées, sont bien plus croquantes que celles des laitues classiques. Elles sont rouges ou rouge et vert. Il existe de très nombreuses variétés de batavias, toutes succulentes.

Laitue feuilles de chêne
Ses feuilles rappellent celles d'une feuille de chêne. Elles sont vertes ou vert et rouge.

Laitue romaine
Elle se remarque immédiatement en raison de sa silhouette élancée. Ses feuilles sont très croquantes. Elles sont vertes ou rouges, selon les variétés.

LES CHICORÉES : SAISONNIÈRES ET LÉGÈREMENT AMÈRES
La salade « frisée »
Ses feuilles, dentelées, assez fines, allant du vert sombre au jaune clair, ont une saveur très légèrement amère.

La scarole
On la reconnaît à sa grande taille et à ses feuilles assez larges et ourlées, jaune pâle ou vert foncé. La scarole se démarque par sa saveur amère et son côté très croquant.

L'endive
En plus de l'endive classique et bien connue, il existe une variété plus rare, à feuilles rouges, nommée « endive carmine ».

AUTRES SALADES : POUR VARIER LES PLAISIRS
Le mesclun
C'est un mélange de feuilles potagères parmi lesquelles on trouve des salades de toutes variétés. On y découvre aussi parfois des feuilles d'épinard, de carotte, de betterave, de cerfeuil, etc.

La mâche
Vous la trouverez souvent en barquette, prête à être consommée. Certaines mâches sont plus vertes, plus croquantes et parfumées que d'autres.

Le pourpier
Le pourpier donne des feuilles assez épaisses et riches en saveurs. On le trouve maintenant assez facilement. À découvrir.

La roquette
La roquette fait partie de la famille des choux et des navets ! On ne consomme que ses feuilles délicates, crues, en salade. Succulent !

Le cresson
Le cresson est excellent en salade : sa saveur poivrée est unique. Pensez-y en faisant vos courses.

Une salade frisée à découvrir

La barbe-de-capucin est une chicorée vraiment unique. Ses très longues feuilles jaunes et dentelées ont une saveur à la fois sucrée et amère. À dénicher à la fin de l'hiver et au printemps sur les étals du marché.

FOCUS SUR LES SALADES

FOCUS SUR LES SALADES

Quels mariages ?

Les salades, selon leurs saveurs, se marient avec certains ingrédients. Voici quelques idées pour varier vos accompagnements. À compléter avec les vôtres.

CHICORÉE
Huile d'arachide, de tournesol, d'olive, de pistache, de noisette, vinaigre de vin, de framboise, de riz, de Xérès, balsamique, ciboulette, estragon, aneth et basilic, ail frais, échalote et oignon cru, citronnelle, citron, foies de volaille, lardons fumés, poisson fumé, fruits secs.

LAITUE
Huile d'olive, de pistache, de pépins de raisin, de noix, de noisette, de sésame, sauce de soja, sauce teriyaki, anchoïade, tapenade, crème d'ail, curry, satay, moutarde à l'ancienne, purées de piments asiatiques.

BATAVIA
Huile d'olive et de tournesol, gros sel, fleur de sel, poivre noir concassé, thym, laurier, romarin, sarriette, ail, oignon, vinaigre balsamique ou sa crème, vinaigre balsamique blanc, basilic, estragon, persil haché.

MÂCHES ET MESCLUNS
Les vinaigres balsamiques noirs et blancs, les (très) bonnes huiles d'olive italiennes, le parmesan en copeaux, les olives noires et vertes, les filets d'anchois, le basilic frais, l'ail frais, la mozzarella au lait de bufflonne, le *pecorino*, la *gremolata*.

Fleurissez vos salades

LES SOUCIS
Les pétales du souci, possèdent une saveur délicate qui se marie très bien avec la laitue et la batavia. Préparez votre salade comme vous en avez l'habitude, puis, au dernier moment, parsemez-la de pétales de soucis multicolores.

LES VIOLETTES
La saveur des pétales de violette est assez marquée. Ils supportent un assaisonnement, pourvu qu'il reste discret. Pour 4 personnes, mélangez 3 poignées de mâche et une de pétales de violettes. Ajoutez un soupçon d'huile de noisette et quelques gouttes de jus de citron vert.

LES PENSÉES
Les pensées commencent à être assez faciles à trouver en grandes surfaces. Elles sont succulentes et vitaminées ! Dans un saladier, mélangez délicatement 1 poignée de jeunes épinards, une de mâche, une de mesclun et une de pensées. Répartissez sur les assiettes, arrosez de quelques gouttes d'huile d'olive, de crème de vinaigre balsamique, finissez avec un peu de fleur de sel.

LES PISSENLITS
Crues ou cuites, les fleurs de pissenlits sont raffinées et originales. Dans un saladier, mélangez 1 poignée de salade frisée, une de scarole, une de boutons de fleurs de pissenlits crus et une autre poignée que vous aurez fait sauter à la poêle pendant 2 à 3 minutes avec un peu d'huile d'olive. Agrémentez de parmesan, de vinaigre de Xérès et de pignons de pins. Salez et poivrez.

LES ŒILLETS

Les œillets sont aussi beaux que bons. Mariez leur saveur légèrement anisée, ou rappelant parfois le clou de girofle, avec des épinards, avec la succulente barbe-de-capucin, ou encore avec une modeste frisée. Assaisonnez de jus de citron, de pamplemousse, et utilisez une huile assez neutre, comme l'huile de pépins de raisin, par exemple.

Les fleurs sont très fragiles. Pour qu'elles gardent leurs belles couleurs, consommez-les aussitôt après les avoir accommodées.

À ne pas oublier

- Ne consommez jamais des fleurs achetées chez un fleuriste, mais uniquement celles proposées pour la cuisine et cultivées à cet effet.

- Les pétales de fleurs contiennent toujours du pollen. Attention, certaines personnes y sont allergiques.

- Ne consommez jamais de fleurs que vous ne connaissez pas, certaines sont toxiques.

FOCUS SUR LES SALADES

Quelles vinaigrettes et quels accompagnements ?

La très classique vinaigrette à l'huile et au vinaigre peut se transformer en délicates et succulentes petites sauces qui vont sublimer vos salades et épater vos amis. Voici quelques idées. Selon les cas, la vinaigrette se prépare de façon classique, dans un saladier, et avec un fouet, ou alors dans un robot mixeur pour pulvériser tous les ingrédients.

Vinaigrette « classique »
Pour 4 personnes
Préparation : 5 min
1 cuillerée à café rase de moutarde (fine ou à l'ancienne)
2 cuillerées à soupe de vinaigre de vin ou balsamique
8 cuillerées à soupe d'huile d'arachide, de tournesol ou d'olive
Sel, poivre
Dans un bol, mélangez les ingrédients avec un petit fouet à main.
Les meilleures salades : laitue, feuille de chêne.
Les meilleures garnitures : lardons, foies de volaille, croûtons, jambon sec ou cuit, œuf poché ou dur, ciboulette, persil.

Vinaigrette aux noisettes
Pour 4 personnes
Préparation : 5 min
1 cuillerée à café rase de moutarde
2 cuillerées à soupe de vinaigre de vin
8 cuillerées à soupe d'huile de noisette
1 cuillerée à soupe de noisettes hachées
Sel, poivre
Dans un bol, mélangez, au dernier moment, les ingrédients avec un petit fouet.
Les meilleures salades : feuille de chêne, batavia.
Les meilleures garnitures : fruits secs, jambon Serrano, *pancetta*, viande des Grisons, jambon de Bayonne.

Vinaigrette verte aux pistaches
Pour 4 personnes
Préparation : 5 min
2 cuillerées à soupe de vinaigre balsamique
8 cuillerées à soupe d'huile de pistache
1 cuillerée à soupe de pistaches grossièrement hachées
Sel, poivre
Dans un bol, mélangez les ingrédients avec un petit fouet à main (ou réalisez cette vinaigrette dans un robot mixeur).
Les meilleures salades : endives, mâche, cresson.
Les meilleures garnitures : crevettes (pochées ou sautées à la poêle), coquilles Saint-Jacques sautées à la poêle, tomates confites, filets d'anchois à l'huile.

Vinaigrette aux olives noires
Pour 4 personnes
Préparation : 5 min
Le jus d'un petit citron vert
10 cuillerées à soupe d'huile d'olive
5 tomates cerise

2 cuillerées à soupe d'olives noires hachées
Sel, poivre
Mixez plus ou moins finement les ingrédients.
Les meilleures salades : pourpier, roquette, romaine.
Les meilleures garnitures : *pancetta* passée à la poêle, restes de poulet froid émincés, mozzarella au lait de bufflonne, *pecorino*.

Vinaigrette aux pignons de pin
Pour 4 personnes
Préparation : 5 min
2 cuillerées à soupe de pecorino râpé
1 cuillerée à soupe de pignons de pin
1 cuillerée à soupe de vinaigre balsamique
10 cuillerées à soupe d'huile d'olive
1 cuillerée à soupe d'olives vertes hachées
½ gousse d'ail hachée
Quelques feuilles de basilic
Sel, poivre
Dans un appareil électrique, mixez tous les ingrédients
Les meilleures salades : roquette, scarole, mesclun.
Les meilleures garnitures : parmesan coupé en copeaux, jambon de San Daniele, mortadelle finement coupée, légumes au vinaigre, œuf poché.

D'autres mélanges de saveurs

Échalotes, noix, ail… et même truffe pour les repas de fêtes. N'hésitez pas à tester de nouveaux mélanges et de nouvelles saveurs à partir de votre base plutôt classique.

L'astuce en plus !

Pour conserver plus longtemps votre vinaigrette, ajoutez-y quelques gouttes d'eau, au dernier moment. Vous pourrez la réserver plusieurs jours au réfrigérateur.

FOCUS SUR LES SALADES

POUR 4 PERSONNES

SAINT-JACQUES RÔTIES, MARINIÈRE DE COQUILLAGES AU BEURRE DE GINGEMBRE

Préparation : 1 h
Cuisson : 30 min

VOS INGRÉDIENTS
4 noix de Saint-Jacques
200 g de couteaux
200 g de palourdes
200 g de moules
1 échalote
10 cl de crème liquide
60 g de beurre
40 g de gingembre
1 potimarron
20 g de noisettes décortiquées
Quelques feuilles de tétragone
2 petits cèpes
Sel, poivre

VOS USTENSILES
Casseroles
Chinois étamine
Fouet à main
Petit emporte-pièce rond
Poêle
Couteau

Rincez et cuisez les couteaux, les palourdes et les moules à couvert dans des casseroles différentes. Décortiquez tous les coquillages.

Rassemblez les trois jus de cuisson dans une seule casserole, ajoutez l'échalote pelée et coupée finement, puis faites réduire.

Passez au chinois étamine, ajoutez la crème, puis incorporez 40 g de beurre en dés au fouet. Ajoutez le gingembre pelé et haché.

Lavez, coupez, puis évidez le potimarron. Épluchez-le et détaillez-le en 12 palets à l'aide d'un emporte-pièce rond.

Cuisez les palets de potimarron à l'eau bouillante salée pendant 3 minutes. Égouttez-les et continuez la cuisson dans une poêle avec un peu de sauce au gingembre.

Nettoyez les cèpes, coupez-les en fines tranches.

Torréfiez les noisettes dans une poêle à feu moyen en remuant régulièrement.

Assaisonnez les noix de Saint-Jacques, puis cuisez-les à la poêle dans le beurre restant.

Disposez 3 palets de potimarron par assiette, posez les coquillages décortiqués par-dessus, une feuille de tétragone, une tranche de cèpes et, enfin, au centre de l'assiette, une saint-jacques rôtie, un peu de sauce et des noisettes.

L'ASTUCE DE PAUL ARTHUR :
Saisissez rapidement les saint-jacques à feu vif pour les colorer, mais ne prolongez pas trop leur cuisson pour qu'elles restent moelleuses.

POUR 4 PERSONNES
VENT DU SUD

Préparation : 30 min
Cuisson : 10 min
Mariné : 30 min

VOS INGRÉDIENTS
Pour la brouillade
4 œufs
1 noix de beurre
1 cuillerée à café de tapenade
Sel, poivre
Pour les crudités
¼ de concombre
1 botte de ciboulette
4 cuillerées à soupe d'huile d'olive
Sel, poivre
Pour le gaspacho
4 tomates
2 fromages Vache qui rit®
2 cuillerées à soupe de vinaigre balsamique
Sel, poivre

VOS USTENSILES
Couteau
Blender
4 verrines
Bol

LA BROUILLADE
Cassez les œufs dans un bol, battez-les un instant avec du sel et du poivre. Faites fondre le beurre à feu doux dans une casserole. Ajoutez les œufs et faites-les cuire en remuant constamment.

Quand les œufs ont une consistance assez épaisse, ajoutez la tapenade et mélangez. Retirez du feu et laissez refroidir.

LES CRUDITÉS
Taillez le concombre en petits dés, placez-le dans un bol. Assaisonnez de sel, de poivre, ajoutez la ciboulette hachée et l'huile d'olive, mettez de côté.

LE GASPACHO
Préparez un gaspacho de tomate : mixez au blender les tomates assaisonnées de sel et de poivre, ajoutez le vinaigre balsamique et la Vache qui rit®.

Garnissez le fond de 4 verrines de brouillade d'œufs à la tapenade, sans salir les parois des récipients. Déposez ensuite les dés de concombre assaisonnés, puis versez délicatement le gaspacho par-dessus. Servez aussitôt.

L'ASTUCE DE STÉPHANIE :
Accompagnez les verrines de mouillettes de pain de mie grillé.

POUR 4 PERSONNES

FOIE GRAS POÊLÉ AUX TOPINAMBOURS ET CÈPES

Préparation : 35 min
Cuisson : 50 min

VOS INGRÉDIENTS

Pour les deux topinambours
300 g de topinambours
50 cl de lait
1 branche de thym
1 gousse d'ail
1 l d'huile d'arachide
1 gousse de vanille
30 g de beurre demi-sel
Sel, poivre

Pour les cèpes et le foie gras
3 têtes de cèpes
2 échalotes
½ botte de persil
1 noix de beurre
250 g de foie gras frais
20 g de pignons de pin
Sel, poivre

VOS USTENSILES

Cocotte
Friteuse
Poêle
Blender
Couteau économe

LES DEUX TOPINAMBOURS

Épluchez les topinambours, faites-en cuire 200 g dans le lait, avec une branche de thym et une gousse d'ail, pendant 30 minutes environ.

Pendant ce temps, taillez les topinambours restants en chips à l'aide d'un couteau économe, puis faites-les frire dans l'huile d'arachide pendant 5 minutes.

Mixez les topinambours cuits avec les graines de la gousse de vanille et le beurre. Salez, poivrez et réservez.

LES CÈPES

Coupez les cèpes en tranches. Poêlez-les pendant 10 à 12 minutes dans le beurre avec les échalotes et le persil hachés. Réservez.

LE FOIE GRAS

Coupez le foie gras en tranches assez épaisses. Salez-les, poivrez-les et poêlez-les à feu moyen pendant quelques secondes sur chaque face.

Faites des « lits » de pulpe de topinambour sur les assiettes avec une cuillère à soupe. Déposez par-dessus les cèpes poêlés et le foie gras. Décorez avec les chips de topinambours et les pignons de pin.

L'ASTUCE DE RONAN :

Pour que le foie gras chaud reste bien moelleux et fondant, coupez-le en tranches assez épaisses (presque 1 cm). Poêlez-les à feu moyen, pas plus, car il colore très rapidement.

Préparation : 40 min
Cuisson : 55 min

VOS INGRÉDIENTS
Pour la compote de figues
200 g de figues fraîches
Pour le bouillon
2 pincées de thé matcha
1 botte de coriandre
1 botte de menthe fraîche
1 g de racine de curcuma
1 l d'eau
1 figue
Pour la viande
200 g de filet de dinde avec peau, dénervé par le boucher
Sel, poivre
Pour la salade
1 concombre
1 botte de radis
1 botte de coriandre
Quelques feuilles de menthe
1 petite poignée de pousses de soja
4 cuillerées à soupe de vinaigre de vin
Sel, poivre

VOS USTENSILES
Casserole
Passoire
Couteau économe
Film alimentaire
Plat à rôtir

POUR 4 PERSONNES

DINDE FARCIE AUX FIGUES ET POCHÉE AU THÉ

LA COMPOTE DE FIGUES
Préchauffez le four à 180 °C. Rangez les figues dans un plat à rôtir et enfournez-les pendant 25 minutes. Une fois cuites, réservez-les hors du four.

LE BOUILLON
Dans une casserole, assemblez le thé, la figue, la coriandre, la menthe, le curcuma et l'eau. Portez à ébullition, puis laissez frémir pendant 10 minutes. Filtrez, puis réservez au chaud.

LA VIANDE
Assaisonnez la dinde. Écrasez les figues rôties avec une fourchette pour réaliser une sorte de compote.

Glissez la compote sous la peau du filet de dinde. Roulez le filet dans du film alimentaire, serrez bien et plongez-le pendant 20 minutes dans le bouillon frémissant pour le pocher.

LA SALADE
Coupez en petits dés le concombre et la moitié des radis. Débitez les autres radis en fins copeaux avec un économe.

Préparez une petite salade avec de la coriandre hachée, les légumes en dés, de la menthe émincée et quelques pousses de soja hachées. Assaisonnez avec le vinaigre de vin, du sel, du poivre et quelques cuillerées à soupe de bouillon au thé.

Répartissez la salade dans les assiettes, détaillez le filet de dinde et placez-le à côté de la salade. Décorez avec les copeaux de radis et quelques belles feuilles de menthe.

L'ASTUCE D'ABRAHAM ET DE FANNY :
Si possible, prenez du filet de dinde bio, parfait pour cette recette, Choisissez des figues violettes qui donneront une superbe compote. À votre gré, vous pourrez aussi la parfumer d'un peu de sucre et de cannelle.

POUR 4 PERSONNES
VELOUTÉ DE POTIRON À LA RÉGLISSE

Préparation : 40 min
Cuisson : 40 min

VOS INGRÉDIENTS
1,3 kg de potiron
50 cl de crème liquide
65 g de beurre
1 cuillerée à soupe d'huile d'olive
Sel, poivre

Pour l'émulsion à l'anis étoilé
30 cl de crème liquide
1,5 bulbe de fenouil
2 anis étoilés
Huile d'olive

Pour la salade au goût d'anis
3/4 de bulbe de fenouil
1 salsifis
1 chou de Bruxelles
1 radis
1 citron vert
1 pincée de tandoori (mélange d'épices)
4 cuillerées à soupe d'huile d'olive

VOS USTENSILES
Cocotte
Couteau
Robot mixeur
Passoire fine
Couteau économe
Saladier
Bol
Presse-agrumes

LE VELOUTÉ
Lavez, puis coupez le potiron non épluché en quartiers. Retirez le milieu, puis coupez les quartiers en gros morceaux.

Dans une cocotte, faites revenir les deux tiers des morceaux de potiron avec l'huile d'olive et le beurre pendant quelques minutes.

Pendant ce temps, mixez finement le reste du potiron pour faire un jus. Ajoutez ce jus dans la cocotte avec la crème, portez à ébullition et laissez cuire lentement.

Quand le potiron est cuit, mixez-le très finement, puis filtrez à travers une passoire fine. Réservez au chaud. Salez et poivrez.

L'ÉMULSION À L'ANIS ÉTOILÉ
Coupez les bulbes de fenouil en morceaux et faites-les revenir avec de l'huile d'olive sans les laisser colorer.

Ajoutez la crème, l'anis étoilé concassé, puis portez à ébullition. Laissez mijoter pendant 20 minutes. Filtrez la préparation obtenue à travers une passoire fine et réservez.

LA SALADE AU GOÛT D'ANIS
Lavez les légumes à grande eau, pelez le salsifis. Coupez les légumes le plus finement possible (en copeaux, avec un économe, par exemple).

Placez les copeaux de légumes dans un saladier avec de l'eau froide et des glaçons pendant 10 minutes, puis égouttez-les.

Dans un bol, mélangez le jus du citron, la pincée d'épices et l'huile d'olive. Versez cette vinaigrette dans les légumes et réservez.

Répartissez harmonieusement la salade de légumes sur le bord des assiettes creuses, versez l'émulsion au centre des assiettes, puis ajoutez délicatement la crème de potiron bien chaude.

Servez sans attendre.

L'ASTUCE DE PIERRE SANG :
Choisissez un potiron bio et ne l'épluchez pas, il conservera ainsi tous ses bienfaits nutritionnels.

POUR 4 PERSONNES
FRAÎCHEUR DE GAMBAS

Préparation : 40 min
Cuisson : 55 min
Marinade : 30 min

VOS INGRÉDIENTS
Pour les gambas et la sauce
8 gambas crues décongelées
4 mandarines
8 cuillerées à soupe d'huile d'olive
1 échalote
10 cl de lait de coco
Sel, poivre
Pour les crudités
100 g de pousses de soja
1 concombre
2 tomates
1 botte de pousses de betterave
1 botte de ciboulette
1 botte de coriandre

VOS USTENSILES
Fouet à main
Couteau
Casserole
Chinois

Décortiquez les gambas : séparez les têtes des queues et débarrassez ces dernières de leur carapace. Faites mariner les queues dans le jus des mandarines, la moitié de l'huile d'olive, du sel et du poivre pendant 30 minutes environ.

Pendant ce temps, faites un jus avec les têtes et les carapaces des gambas : faites sauter les carapaces avec l'huile d'olive restante et à feu vif pendant 5 à 6 minutes en remuant. Ajoutez l'échalote hachée puis couvrez d'eau froide. Portez à ébullition et laissez cuire très lentement pendant 45 minutes.

Filtrez le jus à travers une passoire fine, puis ajoutez le lait de coco et la marinade des gambas. Fouettez bien, portez à frémissements, salez, poivrez et réservez au chaud.

Coupez soigneusement le concombre et les tomates en petits dés. Émincez le soja et ciselez finement les herbes.

Faites sauter les queues de gambas à la poêle pendant 4 à 5 minutes, puis coupez-les en morceaux. Répartissez les crudités dans des bols et déposez les gambas par-dessus. Nappez de sauce au lait de coco et décorez d'herbes et de pousses de betterave finement coupées.

L'ASTUCE DE TIFFANY :
Si vous ne trouvez pas de grosses gambas, vous pouvez aussi utiliser des queues de crevettes surgelées ou des langoustines. Ne faites pas trop cuire les queues pour qu'elles restent juteuses.

POUR 4 PERSONNES

CHAMPIGNONS DE PARIS FARCIS ET LOMO TRANCHÉ

Préparation : 40 min
Cuisson : 55 min
Marinade : 30 min

VOS INGRÉDIENTS
Pour les champignons
8 gros champignons de Paris
1 gousse d'ail
1 branche de thym
1 branche de romarin
½ cuillerée à soupe de beurre
Sel, poivre

Pour la farce
½ selle d'agneau
2 échalotes
¼ de poivron rouge
¼ de botte de cerfeuil
1 cuillerée à soupe
de crème fraîche
Sel, poivre

Pour la finition
4 fines tranches lomo
ou de jambon cru
1 cuillerée à soupe de vinaigre
balsamique
1 pincée de piment d'Espelette
Huile d'olive

VOS USTENSILES
Couteau
Poêle
Plat à four
Hachoir ou robot mixeur
Brochettes

Préchauffez le four à 180 °C. Débarrassez les champignons de leur queue. Lavez les têtes, puis faites-les cuire dans une poêle avec l'ail haché, le thym et le romarin. Assaisonnez de sel, de poivre et terminez la cuisson avec le beurre pendant 15 minutes à feu doux. Réservez.

Faites rôtir la demi-selle d'agneau dans le four chaud pendant 30 minutes. Retirez la viande du four et laissez-la refroidir.

Hachez la viande froide et préparez une farce en ajoutant les échalotes hachées, le poivron rouge en petits dés, le cerfeuil haché et la crème fraîche. Salez, poivrez et mélangez bien.

Avec une cuillère à soupe, remplissez les champignons de farce à l'agneau. Piquez les champignons farcis sur des brochettes en les alternant avec des tranches de lomo.

Déposez les brochettes dans les assiettes, agrémentez-les de quelques gouttes de vinaigre balsamique, d'huile d'olive et d'un soupçon de piment d'Espelette.

L'ASTUCE DE FANNY :
Faites rôtir la demi-selle d'agneau en la gardant légèrement rosée : de cette manière, la farce est plus fondante. Vous pouvez aussi prendre de l'épaule ou du gigot.

Préparation : 40 min
Cuisson : 55 min

VOS INGRÉDIENTS
300 g de germes de soja
½ botte de radis
½ concombre
¼ de botte de coriandre
¼ de botte de menthe
4 escalopes de dinde
1 noix de beurre
2 feuilles de brick
30 cl de fond de volaille
20 cl de vinaigre de mangue
5 g de Maïzena®
200 g de tofu
1 cuillerée à soupe
de vinaigre blanc
Sauce de soja
Sel, poivre

VOS USTENSILES
Casserole
Poêle
Film alimentaire
Papier de cuisson
Couteau
Plat à four

POUR 4 PERSONNES
BOUCHÉES DE VOLAILLE FAÇON ASIATIQUE

Taillez les radis et le concombre en bâtonnets. Coupez finement les herbes et réservez-les.

Dans une poêle, faites sauter le soja dans le beurre pendant 2 ou 3 minutes, puis versez un peu de sauce de soja. Retirez du feu et laissez refroidir.

Avec le plat de la lame d'un gros couteau, aplatissez les escalopes de dinde. Coupez quatre feuilles de film alimentaire. Déposez une escalope par feuille et répartissez le soja et les herbes sur la volaille. Formez des rouleaux serrés en vous aidant du film alimentaire.

Plongez les rouleaux de viande pendant 15 à 20 minutes dans de l'eau frémissante. Égouttez-les au terme de la cuisson et réservez-les.

Coupez des bandes dans les feuilles de brick et disposez-les entre deux feuilles de papier de cuisson et entre deux plaques de cuisson. Faites-les cuire au four préchauffé à 200 °C pendant 15 minutes.

Faites réduire le fond de volaille aux trois quarts, ajoutez le vinaigre de mangue, puis la Maïzena® en mélangeant bien. Salez, poivrez et réservez.

Préchauffez le four à 100 °C. Débarrassez les rouleaux de volaille du film alimentaire, coupez-les en tronçons, puis faites-les colorer dans une poêle antiadhésive. Placez les tronçons dans un plat à four et enfournez-les pendant 10 minutes.

Pendant ce temps, taillez le tofu en dés, assaisonnez-les, ainsi que les radis et le concombre, avec le vinaigre blanc, du sel et du poivre.

Répartissez le tofu dans les assiettes, posez les rouleaux de volaille par-dessus, puis les feuilles de brick. Décorez avec les radis et les concombres. Ajoutez un trait de vinaigrette à la mangue juste avant de servir.

L'ASTUCE DE STÉPHANIE ET DE DAVID :
Quand vous façonnez les rouleaux de volaille, serrez-les bien dans le film alimentaire : ils garderont ainsi leur forme et la présentation sera réussie. Vous pouvez aussi utiliser des escalopes de poulet.

POUR 2 PERSONNES
CARPACCIO DE SAINT-JACQUES À LA CAROTTE

Préparation : 45 min
Cuisson : 40 min
Marinade : 15 min

VOS INGRÉDIENTS
2 carottes
2 noix de Saint-Jacques
2 os à moelle
2 choux de Bruxelles
Sel

Pour l'assaisonnement de la marinade et de la purée
2 cuillerées à soupe d'huile d'olive
1 pincée de piment d'Espelette
1 citron
2 cuillerées à café de gingembre frais haché
1 orange

VOS USTENSILES
Poche à douille
4 tubes alimentaires à remplir
Râpe
Presse-agrumes
Film alimentaire
Poêle
Couteau
Robot mixeur

Pelez une carotte, coupez-la en petits morceaux et faites-les cuire 20 minutes à la vapeur.

Mixez la carotte cuite et assaisonnez la purée avec le jus d'une demi-orange et une cuillerée à café de gingembre. Salez. Vous pouvez transvaser la préparation dans une poche à douille et en remplir 4 tubes alimentaires.

Pelez la carotte restante et taillez-la en très fines rondelles.

Préparez la marinade en mélangeant l'huile d'olive, 1 pincée de sel et le piment d'Espelette. Coupez le citron en deux et pressez un filet de jus. Ajoutez un quart de zeste d'orange et le gingembre restant.

Coupez les noix de Saint-Jacques en carpaccio. Versez la marinade dessus, couvrez de film alimentaire, et réservez pendant 15 minutes au réfrigérateur.

Mettez les os à moelle dans une casserole d'eau froide salée, portez à ébullition et faites cuire pendant 20 minutes à frémissements.

Effeuillez les choux de Bruxelles et, au dernier moment, faites-les sauter quelques instants dans une poêle, juste pour les tiédir.

Sortez la moelle des os et coupez-la sur une planche. Dressez les assiettes ou les cuillers en superposant, dans l'ordre, noix de Saint-Jacques, rondelles de carotte, petites feuilles de choux de Bruxelles bien creuses, et enfin moelle. Présentez la sauce dans les tubes alimentaires ou dans des petits bols. Servez aussitôt.

L'ASTUCE DE LUDOVIC :
Mêlez peu à peu le jus d'orange à la carotte mixée pour ne pas réaliser une purée trop liquide.

LES PLATS

FOCUS SUR LES POISSONS

POUR 4 PERSONNES

MAGRET DE CANARD DÉGLACÉ AU BALSAMIQUE ET SES PETITS POIS FRAIS

Préparation : 30 min
Cuisson : 13 min

VOS INGRÉDIENTS
1 magret de canard
200 g de petits pois frais
1 laitue
6 cuillerées à soupe de vinaigre balsamique
Sel, poivre

VOS USTENSILES
Couteau
Poêle
Plat à four

Préchauffez le four à 180 °C.

Émincez finement la laitue, lavez-la, essorez-la et réservez-la. Écossez les petits pois, réservez-les.

Dégraissez légèrement le magret, puis, avec la pointe d'un couteau, quadrillez soigneusement la partie grasse.

Récupérez la graisse du magret, mettez-la dans une poêle et faites-la fondre à feu moyen. Quand elle est colorée, mettez le magret assaisonné dedans, et laissez-le revenir pendant 4 à 5 minutes.

Enfournez ensuite pendant 8 minutes dans le four chaud.

Retirez le plat du four et laissez la viande reposer pendant quelques minutes. Émincez finement la moitié du magret.

Dégraissez la poêle et versez dedans le vinaigre de balsamique. Portez à ébullition pour le faire réduire jusqu'à l'obtention d'une consistance sirupeuse. Ajoutez le canard émincé, les petits pois et la laitue, salez, poivrez et mélangez.

Dans les assiettes, présentez la moitié du magret de canard restante coupée en deux et celui qui est émincé à côté. Servez aussitôt.

L'ASTUCE DE DAVID :
Pour cette recette, vous pouvez aussi prendre du filet de canard. Et n'oubliez pas : pour que le magret de canard soit tendre et parfumé, ne le faites pas trop cuire.

POUR 4 PERSONNES
DOS DE SAUMON, MARINADE MANGUE-PAPAYE

Préparation : 1 h
Cuisson : 1 h
Marinade : 30 min

VOS INGRÉDIENTS

Pour le poisson
4 pavés de saumon
1 pincée de piment d'Espelette
4 pincées de sel
4 cuillerées à soupe d'huile d'olive
4 zestes de citron verts râpés

Pour la garniture de fruits
1 mangue
1 papaye
1 poivron rouge
2 pincées de piment d'Espelette
4 cuillerées à soupe d'huile d'olive
2 citrons verts
Sel

Pour la garniture de légumes
1 carotte
1 poireau
1 oignon
1 endive
1 branche de céleri
20 g de gingembre frais
20 cl de bouillon de légumes
10 cl de crème liquide
50 g de beurre
Sel, poivre

Pour la finition
1 tranche de pain de campagne
3 tranches de *pancetta*
1 botte de ciboulette

VOS USTENSILES
Couteau
4 feuilles de papier d'aluminium
Casserole
Égouttoir

LE POISSON
Préchauffez le four à 135 °C.

Faites mariner les pavés de saumon avec le sel, le piment d'Espelette, l'huile d'olive et les zestes de citron pendant 30 minutes.

Enveloppez ensuite les pavés dans 4 feuilles de papier d'aluminium et enfournez pendant 15 minutes dans le four chaud.

LA GARNITURE DE FRUITS
Épluchez la mangue et la papaye, taillez leur chair en petits dés, tout comme le poivron rouge. Assaisonnez cette garniture avec du sel, le piment d'Espelette, l'huile d'olive et le jus des citrons. Réservez.

LA GARNITURE DE LÉGUMES
Épluchez ou lavez tous les ingrédients de la garniture de légumes qui doivent l'être, coupez-les en fines lanières et faites-les cuire pendant 25 minutes dans le bouillon de légumes.

Égouttez les légumes et réservez-les. Faites bouillir et réduire aux deux tiers le bouillon. Ajoutez la crème, faites bouillir pendant 1 minute, puis ajoutez le beurre en fouettant. Salez, poivrez et réservez au chaud.

LA FINITION
Préchauffez le four à 180 °C.

Taillez le pain et la *pancetta* en petits dés. Faites-les sécher pendant 20 minutes dans le four chaud. Hachez finement la ciboulette.

Répartissez les légumes au fond des assiettes creuses, posez par-dessus la garniture aux fruits. Déposez ensuite les pavés de saumon débarrassés de leur feuille d'aluminium. Agrémentez de sauce crémée et décorez avec la ciboulette hachée, le pain et la *pancetta*.

L'ASTUCE DE STÉPHANIE :
Pour que le saumon reste bien moelleux, ne dépassez pas le temps de cuisson. Vous pouvez également réaliser cette recette avec des pavés de cabillaud.

POUR 4 PERSONNES
FROG, MY LOVE

Préparation : 1 h
Cuisson : 50 min

VOS INGRÉDIENTS

Pour les ballottines de grenouille
16 cuisses de grenouilles
2 blancs d'œufs
2 échalotes
10 cl de crème
200 g de Rice Krispies®
150 g de pistaches hachées
1 l d'huile d'arachide pour la cuisson
Sel, poivre

Pour les garnitures
200 g de girolles
1 gousse d'ail
200 g de pommes de terre
40 g de beurre + 1 noisette
100 g de pois gourmands
Huile d'olive
Sel, poivre

VOS USTENSILES

Couteau
Robot mixeur
Casserole
Film alimentaire
Friteuse
Poêle
Cuit-vapeur
Presse-purée
Papier absorbant

LES BALLOTTINES DE GRENOUILLE

Désossez les cuisses de grenouilles avec un petit couteau. Mixez la chair recueillie avec les blancs d'œufs, les échalotes hachées, la crème, du sel et du poivre.

Étalez la farce obtenue sur 4 feuilles de film alimentaire. Refermez les feuilles pour former 4 boules un peu allongées, comme des ballottines.

Faites cuire ces ballottines pendant 15 minutes à la vapeur, puis débarrassez-les du film.

Roulez les tranches dans les Rice Krispies®, puis dans les pistaches. Faites-les frire à 200 °C pendant 5 minutes, puis égouttez-les sur du papier absorbant. Réservez.

LES GARNITURES

Poêlez les champignons avec une noisette de beurre, la gousse d'ail écrasée et du poivre.

D'autre part, faites cuire les pommes de terre à la vapeur. Passez-les au presse-purée, puis mélangez la pulpe obtenue avec le beurre coupé en dés. Salez, poivrez et réservez.

Faites cuire les pois gourmands pendant 4 minutes à la vapeur, puis passez-les à la poêle avec un peu d'huile d'olive pour les rendre brillants.

Répartissez à votre convenance, mais harmonieusement, les tranches de ballottines frites, les champignons, la purée et les pois gourmands dans les assiettes. Servez chaud, sans attendre.

L'ASTUCE DE TIFFANY :

Utilisez des cuisses de grenouilles surgelées : elles sont assez faciles à trouver et relativement économiques. Vous pouvez aussi réaliser cette recette avec des queues de crevettes crues et décortiquées.

Préparation : 1 h
Cuisson : 35 min

VOS INGRÉDIENTS
Pour le poisson et le consommé
1 filet de bar
1 carotte
100 g de gingembre frais
2 bâtons de citronnelle
500 g de crevettes grises
15 cl d'huile d'olive
Sel, poivre

Pour la garniture
600 g de chanterelles
2 gousses d'ail
1 brin de thym
300 g de pousses d'épinards
1 botte de cresson

Pour le pistou
1 botte de coriandre
1 botte de menthe
1 pincée de piment d'Espelette
5 cl d'huile d'olive
Sel, poivre

VOS USTENSILES
Casserole
Poêle
Chinois
Robot mixeur

POUR 4 PERSONNES

DOS DE BAR EN INFUSION DE CREVETTES

LE POISSON ET LE CONSOMMÉ
Retirez les arêtes du filet de poisson, puis découpez-le en portions d'environ 120 g.

Taillez la carotte, le gingembre et la citronnelle en petits dés. Hachez les crevettes.

Faites cuire la carotte, le gingembre et la citronnelle dans une casserole avec un tiers de l'huile d'olive, sans colorer.

Ajoutez les crevettes, puis de l'eau à hauteur. Salez et poivrez. Portez à ébullition et laissez mijoter doucement pendant 20 minutes.

Filtrez soigneusement le consommé. Divisez-le en deux parties et réservez-les.

LA GARNITURE
Nettoyez les chanterelles, faites-les cuire doucement à la poêle avec l'huile d'olive restante, les gousses d'ail et le thym. Réservez.

Nettoyez les pousses d'épinards et les feuilles de cresson. Faites pocher le poisson pendant 6 minutes dans le consommé de crevettes.

LE PISTOU
Ébouillantez la menthe et la coriandre, puis refroidissez-les sous l'eau très froide pour stopper la cuisson et conserver la chlorophylle des feuilles.

Mixez les feuilles avec l'huile d'olive, le piment d'Espelette, du sel et du poivre.

Répartissez les champignons dans les assiettes, déposez les épinards et le cresson, puis les filets de bar par-dessus. Ajoutez un peu de pistou sur le poisson. Versez un peu de consommé de crevette et servez bien chaud.

L'ASTUCE DE TIFFANY, DE FANNY ET DE STÉPHANIE :
Agrémentez cette recette de quelques graines germées.

POUR 4 PERSONNES

ÉMINCÉ DE STEAK DE CHEVAL, ET SON CARAMEL DE GINGEMBRE

Préparation : 40 min
Cuisson : 45 min

VOS INGRÉDIENTS

Pour les légumes
2 pommes de terre
150 g de beurre
200 g d'épinards
Sel, poivre

Pour le caramel au gingembre
30 g de gingembre frais
150 g de sucre en poudre
80 g de Ketchup
8 cl de vinaigre de vin

Pour la viande et la décoration
600 g de steak de cheval
8 cuillerées à soupe d'huile d'olive
1 noix de beurre
2 gousses d'ail
2 ou 3 cébettes
60 g de roquette
Sel, poivre
4 tomates cerise

VOS USTENSILES

Couteau
Casserole
Poêle
Presse-purée

LES LÉGUMES

Faites cuire les pommes de terre pendant 30 minutes à la vapeur ou à l'eau bouillante, épluchez-les puis passez-les au presse-purée. Mélangez la pulpe obtenue avec 120 g de beurre et assaisonnez.

Lavez les épinards, faites-les cuire à la poêle dans le beurre restant avec du sel et du poivre pendant 2 minutes. Réservez.

LE CARAMEL AU GINGEMBRE

Pelez, puis taillez très finement le gingembre. Dans une casserole, versez le sucre en poudre et faites chauffer à feu doux en mélangeant pour obtenir un beau caramel blond. Ajoutez le gingembre, le ketchup, le vinaigre de vin et laissez bouillir un court moment.

LA VIANDE

Faites cuire le steak de cheval à feu vif, dans une poêle, avec la moitié de l'huile d'olive, le beurre et l'ail haché.

Versez le caramel au gingembre sur le steak, puis retirez du feu et coupez-le en fines tranches.

Émincez les cébettes, puis faites-les frire pendant 5 minutes dans un peu d'huile d'olive.

Assaisonnez la roquette avec du sel, du poivre et une goutte d'huile d'olive. Répartissez-la dans les assiettes. Posez, à côté, la purée et les épinards, Déposez le steak émincé sur ces deux légumes, nappez légèrement de caramel. Décorez avec les cébettes frites et les tomates cerise.

L'ASTUCE DE STÉPHANIE :

Ne cuisez pas trop le steak : pour être tendre, il doit rester saignant ou rosé. Vous pouvez aussi préparer cette recette avec du bœuf ou de l'agneau.

POUR 4 PERSONNES
GAMBAS RÔTIES ET LEUR JUS CORSÉ

Lavez les girolles, puis faites-les cuire à feu doux pendant 10 à 12 minutes avec un peu d'huile d'olive et les échalotes hachées. Quand elles ont rendu leur eau, égouttez-les et réservez-les.

Faites cuire les artichauts pendant 30 minutes dans de l'eau bouillante citronnée. Égouttez-les, récupérez les fonds d'artichauts et coupez-les en petits dés. Réservez.

Taillez la poitrine fumée en petits cubes et faites-les saisir pendant 2 à 3 minutes avec de l'huile d'olive, l'ail haché et le thym. Salez, poivrez et réservez.

Mélangez les champignons, les artichauts et la poitrine pour obtenir la farce à ravioles.

LE BOUILLON DE GAMBAS
Pelez les échalotes et les carottes, coupez-les en dés. Pelez et hachez l'ail. Décortiquez les gambas, retirez les têtes et mettez de côté les carapaces pour le bouillon.

Faites colorer les carapaces de gambas pendant 5 minutes dans un peu d'huile d'olive avec l'échalote, la carotte, la tomate, l'ail et le thym. Versez le cognac et faites-le flamber. Versez de l'eau à hauteur des carcasses, salez et laissez cuire pendant 30 minutes à feu très doux.

Filtrez le bouillon. Plongez-y ensuite les branches de basilic et les rondelles de citron et laissez infuser pendant 4 à 5 minutes avant de filtrer. Réservez.

LA PÂTE À RAVIOLES
Préparez la pâte à ravioles en mixant la farine, un peu de sel et les œufs. Laissez reposer pendant 1 heure.

Étalez ensuite la pâte à l'aide d'un laminoir et déposez dessus des petits tas de pâte bien espacés. Couvrez d'une autre feuille de pâte et détaillez en formant des ravioles.

LA CUISSON DES GAMBAS
Faites revenir les gambas avec la gousse d'ail écrasée et le thym dans un peu d'huile d'olive pendant 5 à 6 minutes en retournant régulièrement.

Faites cuire les ravioles dans le bouillon de gambas frémissant pendant 4 à 5 minutes. Retirez délicatement les ravioles du bouillon à l'aide d'une écumoire et mélangez-les avec une noix de beurre.

Répartissez les gambas cuites et les ravioles bien chaudes dans les assiettes. Agrémentez d'un peu de bouillon chaud et décorez avec quelques brins de coriandre.

L'ASTUCE DE FANNY ET D'ALEXIS :
Cette recette peut aussi être réalisée avec des queues de langoustines décortiquées.

Préparation : 1 h
Cuisson : 30 min
Repos : 1 h

VOS INGRÉDIENTS
200 g de girolles
2 échalotes
2 gros artichauts
1 citron jaune
60 g de poitrine fumée
1 gousse d'ail
1 branche de thym
Huile d'olive
Sel, poivre

Pour le bouillon de gambas
35 gambas
2 carottes
2 échalotes
1 gousse d'ail
1 brin de thym
1 tomate
2 branches de basilic
6 cl de cognac
2 rondelles de citron vert

Pâte à ravioles
200 g de farine
2 œufs
1 noix de beurre

Pour la cuisson des gambas
1 gousse d'ail
1 brin de thym
Quelques brins de coriandre

VOS USTENSILES
Laminoir
Robot mixeur
Passoire fine

Préparation : 1 h 20 min
Cuisson : 1 h 30 min

VOS INGRÉDIENTS
5 baies de genièvre en poudre
1 jarret de porc, 200 g de poitrine de porc, 200 g de saucisse fumée
2 poireaux, 2 bouquets garnis
2 échalotes, 2 carottes, 2 oignons,
2 pommes de terre

Pour le chou
2 c. à soupe de graisse d'oie,
1 oignon, 3 feuilles de chou blanc,
1 gousse d'ail, 20 cl de vin blanc

Pour le chou rouge au gingembre
100 g de gingembre épluché
20 cl de sirop de sucre,
200 g de chou rouge, quelques jeunes feuilles de persil

Pour la gelée
10 g d'agar agar, 20 cl de vin blanc

Pour la vinaigrette
2 échalotes
1 cuillerée à soupe de moutarde à l'ancienne, 2 cl de vinaigre de xérès, 10 cl d'huile d'olive

Pour la chapelure parfumée
2 cuillerées à soupe de chapelure
½ botte de ciboulette, 50 g de lard doré à la poêle, Sel, poivre

VOS USTENSILES
Râpe
Cocotte
Poêle
Robot mixeur

POUR 4 PERSONNES
CHOUCROUTE CONTEMPORAINE

Placez les viandes dans une cocotte. Couvrez d'eau et portez à ébullition. Ajoutez les légumes épluchés, les échalotes et les oignons pelés, les bouquets garnis. Laissez mijoter 1 heure. Laissez ensuite refroidir, puis filtrez le bouillon.

Coupez les pommes de terre en dés et faites-les cuire 5 minutes à la vapeur. Réservez-les.

LE CHOU
Faites cuire 10 minutes dans la graisse d'oie, l'oignon épluché et coupé en tranches, l'ail haché et les feuilles de chou blanc. Ajoutez le vin blanc et laissez cuire 10 minutes à feu doux en remuant de temps en temps. Réservez.

LE CHOU ROUGE AU GINGEMBRE
Coupez le gingembre en petits dés et faites-les cuire dans le sirop pendant 5 minutes. Coupez finement le chou rouge à l'aide d'une mandoline, puis mélangez-le au gingembre confit.

LA GELÉE
Dans une casserole, versez le vin blanc préalablement flambé et le bouillon de jarret. Ajoutez l'agar agar et portez à ébullition. Laissez refroidir la gelée, puis coulez-la sur une plaque tapissée de film en une couche très fine et homogène. Réservez au frais pour que la gelée prenne.

ROULEAUX DE CHOU ROUGE AU GINGEMBRE CONFIT
Coupez la gelée en carrés et garnissez d'un peu de chou rouge. Ajoutez du persil ciselé et roulez la gelée autour du chou pour former un rouleau. Réservez au frais sur une plaque filmée.

Faites une vinaigrette et ajoutez les dés de pommes de terre réservés.

LA CHAPELURE PARFUMÉE
Émincez le lard très finement, puis poêlez-le pour le rendre très croustillant. Mélangez la chapelure dorée au beurre, la ciboulette finement coupée, le lard, du sel et du poivre.

LE MILLE-FEUILLE DE CHOUCROUTE
Tapissez une terrine de film. Coupez finement les viandes égouttées, puis montez la préparation en alternant le chou cuit au vin blanc et les viandes. Réservez au frais. Démoulez le mille-feuille de choucroute, coupez-le en rectangles. Poêlez délicatement ces derniers pendant quelques minutes dans un peu de beurre pour les colorer légèrement. Parsemez le haut de chapelure parfumée.

LA PRÉSENTATION
Dans chaque assiette, présentez un mille-feuille de choucroute, un rouleau de chou rouge, agrémentez de quelques gouttes de vinaigrette et d'un trait de poudre de genièvre.

L'ASTUCE DE TIFFANY ET DE RONAN :
Faites cuire les viandes la veille : elles seront plus faciles à couper finement.

Préparation : 3 h
Cuisson : 1 h
Réfrigération : 4 h

VOS INGRÉDIENTS
1 oignon grelot
2 carottes
3 bouteilles de vin rouge
500 g de viande de bœuf
1 cuillerée à café de farine
1 bouquet garni
1 clou de girofle
1 poire
4 g d'agar agar

Pour la polenta
50 cl de lait
75 g de polenta
50 g de beurre
100 g de chapelure
Huile pour la friture
40 g de parmesan

Pour la garniture
8 oignons cébette
8 carottes fane
6 champignons de Paris
4 noix de beurre
4 cuillerées à café de sucre
8 oignons grelot

Pour le jus de persil
2 bottes de persil
12,5 cl de lait
12,5 cl de crème
1/2 gousse d'ail pelée

VOS USTENSILES
Râpe
Cocotte en fonte

POUR 4 PERSONNES

BŒUF BOURGUIGNON REVISITÉ

Pelez l'oignon et les carottes et coupez-les en gros dés. Portez le vin à ébullition et faites-le flamber. D'autre part, taillez le bœuf en morceaux.

Préchauffez le four à 200 °C. Faites colorer le bœuf dans une cocotte en fonte. Retirez la viande et réservez-la. À la place, faites colorer les dés d'oignon et de carottes. Remettez la viande, saupoudrez de farine et faites colorer pendant 5 minutes au four. Ajoutez le vin, le bouquet garni, le clou de girofle et la poire. Portez à ébullition, couvrez, puis enfournez pendant 2 heures.

LA POLENTA
Portez le lait à ébullition. Versez la polenta en pluie et faites-la cuire pendant 15 minutes. Mêlez soigneusement le beurre et le parmesan. Versez la polenta brûlante sur une plaque en une couche de 2 cm d'épaisseur. Réservez-la au frais pendant 4 heures.

Coupez des cubes de polenta froide de 4 cm et passez-les dans la chapelure. Faites-les frire à 180 °C pendant 3 à 4 minutes. Épongez-les sur du papier absorbant et réservez-les.

LA GARNITURE
Épluchez les cébettes, les carottes, les champignons et les oignons grelot.

Mettez les cébettes dans une casserole avec le sucre, le beurre et un peu d'eau. Portez à ébullition, puis mélangez quand ils commencent à dorer. Faites la même chose pour les carottes, puis pour les champignons et enfin pour les oignons grelot. Faites colorer un peu plus ces derniers.

Récupérez le jus du bourguignon, faites-le bouillir et réduire, ajoutez l'agar agar, puis réservez au frais pour que la préparation se solidifie. Coupez la gelée en rectangles.

Préchauffez le four à 120 °C. Broyez les ingrédients solides du bourguignon, étalez-les sur une plaque en une couche épaisse, et réservez-la au réfrigérateur.

Coupez des rectangles de viande un peu plus petits que ceux de gelée et passez-les pendant 20 minutes au four.

LE JUS DE PERSIL
Dans une casserole, versez le lait, ajoutez l'ail et portez à ébullition. Plongez les feuilles de persil dans le lait bouillant, puis égouttez-les et mixez-les.

Dans les assiettes, disposez les rectangles de gelée, posez dessus les rectangles de viande et présentez harmonieusement les croquettes de polenta, les garnitures et le jus de persil.

L'ASTUCE DE MATTHIEU ET D'ALEXIS :
Demandez à votre boucher de dénerver la viande et de la couper en morceaux de 1 x 4 cm.

POUR 4 PERSONNES
SAUMON AUX PANAIS, MAYONNAISE AUX AGRUMES

Préparation : 40 min
Cuisson : 45 min

VOS INGRÉDIENTS
4 pavés de saumon
2 oranges
2 gros panais
5 g de beurre
5 cl de vin blanc
20 cl de crème liquide
2 cuillerées à café
de moutarde à l'ancienne
10 cl d'huile d'olive
10 noisettes décortiquées
50 g de roquette
¼ de botte d'aneth
¼ de botte de ciboulette
Sel, poivre

VOS USTENSILES
Film alimentaire
Pince à épiler
Papier de cuisson
Couteau
Presse-agrumes
Passoire fine
Robot mixeur
Écumoire
4 verrines
Casserole
Poêle

Retirez les arêtes et la peau des pavés de saumon. Déposez une feuille de papier de cuisson sur la lèchefrite du four et déposez-y les pavés. Couvrez d'une feuille de papier d'aluminium et enfournez pendant 15 minutes à 200 °C. Retirez du four.

Salez et poivrez le saumon, puis déposez chaque pavé sur une feuille de film alimentaire. Roulez pour façonner des boudins et réservez.

Râpez le zeste des oranges et recueillez le jus. Réservez le zeste et filtrez le jus. Faites bouillir ce dernier jusqu'à l'obtention d'une consistance sirupeuse.

Pendant ce temps, épluchez et taillez les panais en petits dés. Faites-les revenir dans du beurre, assaisonnez de sel, de poivre, puis versez le vin blanc. Retirez du feu et laissez refroidir.

Versez la crème dans les panais, puis mixez pour obtenir une crème lisse. Ajoutez la moutarde et montez à l'huile d'olive pour obtenir une mayonnaise.

Concassez les noisettes et répartissez-les sur la mayonnaise avec le jus d'orange réduit et le zeste réservé. Présentez dans des verrines.

D'autre part, coupez la peau de saumon réservée en morceaux. Salez-les et faites-les cuire à la poêle pour les rendre croustillants.

Faites bouillir de l'eau, éteignez le feu et plongez-y les rouleaux de saumon pendant 12 minutes. Retirez-les délicatement de l'eau à l'aide d'une écumoire.

Dans une assiette, réalisez une grosse virgule de crème de panais, déposez le saumon à l'extrémité, puis la chips de peau. Disposez avec du volume la salade de roquette, d'aneth et de ciboulette, et posez la verrine de mayonnaise à l'orange.

L'ASTUCE DE DAVID :
Utilisez une pince à épiler pour retirer les arêtes des pavés de saumon et un couteau bien aiguisé pour la peau. Elle se retire très facilement.

POUR 4 PERSONNES
PASTA BOLO

Préparation : 40 min
Cuisson : 1 h 30 min

VOS INGRÉDIENTS
2 steaks hachés
4 cuillerées à soupe d'huile d'olive
1 échalote
1 branche de thym
1 pincée de piment d'Espelette
½ boîte de sauce tomate
200 g de pâtes tricolores
2 tomates fraîches
1 bouquet de basilic
1 boule de mozzarella

VOS USTENSILES
Poêle
Casserole
Bocaux allant au four
Égouttoir

Faites cuire les steaks hachés à la poêle dans l'huile d'olive, en les réduisant en bouillie avec l'échalote hachée, le thym, la sauce tomate et le piment d'Espelette. Couvrez et laissez cuire très doucement pendant 1 heure.

Préchauffez le four à 180 °C.

Quand la sauce est prête, ajoutez les feuilles de basilic et faites cuire les pâtes, comme indiqué sur l'emballage. Égouttez les pâtes et versez-les dans un bocal.

Versez la sauce bolognaise sur les pâtes, ajoutez les tomates fraîches coupées en dés et la mozzarella coupée en tranches. Enfournez et faites gratiner jusqu'à obtention d'une belle couleur dorée. Servez bien chaud, dans le bocal.

L'ASTUCE DE STÉPHANIE :
Pour cette recette, prenez des bocaux Le Parfait de 40 cl. Prenez bien soin d'ôter les bracelets en caoutchouc s'ils sont encore en place. Et choisissez de préférence de la mozzarella *di bufala*, c'est-à-dire au lait de bufflonne, plus goûteuse que celle au lait de vache.

POUR 4 PERSONNES
ROULÉ DE RATATOUILLE ET SUPRÊME DE VOLAILLE LAQUÉE

Préparation : 1 h 30 min
Cuisson : 1 h 40 min

VOS INGRÉDIENTS

Pour le jus
1 carcasse de poulet
1 noix de beurre
50 cl de sauce de soja
20 cl de porto
Sel, poivre

Pour les roulés et la concassée de tomate
2 aubergines
2 courgettes
Huile d'olive
1 oignon rouge
1 tomate
1 pincée de sucre en poudre
1 branche de thym
Sel

Pour l'épeautre
300 g d'épeautre
1 gousse d'ail
1 branche de thym
Sel, poivre

Pour les suprêmes
4 suprêmes de poulet
1 branche de basilic
1 noix de beurre
Sauce de soja

VOS USTENSILES
Cocotte
Poêles
Petit couteau pointu
Casseroles

LE JUS
Découpez la carcasse de poulet, puis faites-la revenir pendant 5 minutes dans le beurre, jusqu'à l'obtention d'une coloration bien blonde. Déglacez avec la sauce de soja et le porto. Ajoutez de l'eau à hauteur et laissez cuire pendant 30 minutes. Filtrez et réservez.

LES ROULÉS ET LA CONCASSÉE DE TOMATE
Taillez les courgettes et les aubergines en lamelles (réservez les chutes). Poêlez-les dans de l'huile d'olive jusqu'à l'obtention d'une coloration blonde. Réservez-les.

Coupez l'oignon pelé, les chutes de légumes réservées et la tomate en morceaux. Faites-les sauter dans de l'huile d'olive, puis laissez cuire pendant 30 minutes avec du thym, du sel et une pincée de sucre pour casser l'acidité.

Superposez les lamelles de légumes et ajoutez une cuillerée à soupe de concassée de tomate. Roulez et réservez.

L'ÉPEAUTRE
Faites cuire l'épeautre à l'eau avec la gousse d'ail et le thym pendant 25 minutes environ. Égouttez-le, éliminez l'ail et le thym, salez, poivrez et réservez.

LES SUPRÊMES
Glissez des feuilles de basilic sous la peau des suprêmes de poulet, puis faites saisir la volaille dans le beurre pendant quelques minutes. Retournez les suprêmes, puis déglacez-les avec la sauce au porto.

Laquez les suprêmes en ajoutant de la sauce de soja. Retirez du feu et réservez.

Dans les assiettes, disposez harmonieusement l'épeautre, les suprêmes de poulet laqués, les rouleaux de légumes et nappez de sauce. Servez chaud.

L'ASTUCE D'ALEXIS :
Pour obtenir un laquage encore plus réussi, avant de les cuire, faites mariner les suprêmes dans un mélange de ketchup, de sauce de soja et de jus de volaille.

FOCUS SUR LES POISSONS

TOUS LES CHEFS VOUS LE DIRONT : C'EST LE POISSON ET LES CRUSTACÉS QU'ILS PRÉFÈRENT : RECETTES, MODES DE CUISSON, PRÉSENTATION, LE CHOIX EST QUASI INFINI ET L'IMAGINATION EST LA SEULE LIMITE.

POISSONS MAIGRES

La lotte, le cabillaud, le merlan, la julienne, la raie, le tacaud, la sole, le lieu jaune, le lieu noir, le turbot, la plie.

Tous ces poissons se caractérisent par une chair assez claire, plutôt ferme et à peine parfumée : pour cette catégorie, c'est la cuisson, la sauce et l'accompagnement qui conditionnent la réussite de la recette.
Meilleures recettes : en filets, cuits à la poêle, à la vapeur ou en friture, avec une sauce au beurre blanc ou une sauce hollandaise, par exemple.

POISSONS INTERMÉDIAIRES

La daurade, le bar, le grondin, la truite, le congre, la rascasse, l'orphie, le requin, le mulet, le mérou, le maigre.

Ces poissons ont une chair très fragile et délicate, assez parfumée. Pour cette catégorie, la cuisson doit être précise.
Meilleures recettes : cuisson au grill, au barbecue, mijotée (bouillabaisse). Quelques gouttes de jus de citron suffisent souvent.

POISSONS GRAS

Le thon, la sardine, l'anchois, le hareng, le flétan, le saumon, la truite de mer, l'anguille, le maquereau.
Riches en (bonnes) matières grasses, ces poissons ont tous une chair au goût très marqué. Pour cette catégorie, on privilégie des sauces et accompagnements très légers.
Meilleures recettes : cuisson au grill, à la plancha, à la poêle. Les sauces légères, un peu acides, comme les « salsas », sont parfaites.

POISSONS DE RIVIÈRE : À DÉCOUVRIR

Le brochet, le sandre, la perche sont les stars de nos rivières : leur chair délicate et feuilletée n'est pas moins bonne que celle du bar ! À découvrir.

La carpe. Farcie, ou cuite au four, elle est bien meilleure que ce qu'en dit sa réputation.

La fera. Une rareté à découvrir : un des meilleurs poissons d'eau douce.

L'alose. Poisson des plus délicat, à cuire entier au four. Pour connaisseurs !

Coup de cœur : les Saints-jacques

Succulentes, abordables, faciles à cuisiner, légères, les saint-jacques ont tout pour elles ! Achetez-les vivantes et faites-les préparer par le poissonnier, puis cuisinez-les à la poêle avec une persillade, à la vapeur, au four en cassolette, en papillote... Profitez-en pendant la saison de pêche (d'octobre à avril).

Quelles quantités pour bien manger

Il faut savoir que, pour les poissons entiers, seule un peu moins de la moitié du poids acheté sera en fait consommable. Prévoyez 400 g de poisson entier par personne pour un plat principal. Pour les filets, comptez 100 g en entrée et 175 g en plat. Pour les crustacés, le poids minimum doit être de 500 g par personne.

Quel mode de cuisson ?

À LA VAPEUR
La cuisson la plus légère et celle qui respecte le plus la saveur des poissons. Utilisez un cuit-vapeur.
Meilleurs poissons : tous, sauf les poissons gras.

GRILLÉ
Les poissons entiers grillés sont bien meilleurs que leurs filets cuits de la même façon. Huilez le poisson, assaisonnez-le généreusement et faites-le griller sur un feu assez vif.
Meilleurs poissons : bar, daurade, sardine, anchois, rouget.

POÊLÉ
Parfait pour les filets de poisson, les darnes, les pavés et les poissons de petite taille. Assaisonnez-les soigneusement et poêlez-les dans de l'huile d'olive bien chaude.
Meilleurs poissons : rouget, anchois, daurades, filets de merlan, pavés de cabillaud.

EN FRITURE
Pas très léger, mais tellement savoureux ! Parfait pour les très petits poissons et les filets coupés en lanières. Utilisez une friteuse chauffée à 180 °C.
Meilleurs poissons : éperlan, petits anchois, filets de merlan, de cabillaud, de lotte.

POCHÉ
Il faut immerger le poisson dans un court-bouillon ou dans une eau salée (15 à 20 grammes de sel par litre d'eau) frémissante. Le poisson ne doit jamais bouillir. Comptez environ 20 minutes de cuisson par kilo.
Meilleurs poissons : turbot, cabillaud, saumon, raie.

À LA PLANCHA
À faire en été, à l'extérieur ! Assaisonnez bien filets et poissons de taille moyenne ou petite, et faites-les cuire à feu très vif. Assaisonnez de jus de citron.
Meilleurs poissons : Tous les poissons en général et le thon en particulier.

EN PAPILLOTE
Enfermez filets de poisson et poissons moyens dans des feuilles de papier de cuisson avec assaisonnement, épices et aromates, puis faites-les cuire à la vapeur ou au four. Succès garanti !
Meilleurs poissons : daurade, rouget, bar, merlan.

RÔTI AU FOUR
Utilisez ce mode de cuisson pour les poissons entiers, huilés et bien assaisonnés, comme si vous faisiez cuire un gigot. Température du four : 180 °C minimum.
Meilleurs poissons : cabillaud, saumon, bar, turbot.

Des sauces pour accompagner vos poissons

SAUCE HOLLANDAISE
Pour 6 personnes environ. Dans une casserole posée sur un bain-marie chaud, battez 4 jaunes d'œufs au fouet électrique pendant 5 minutes. Hors du feu, ajoutez peu à peu 200 g de beurre fondu tiède, en fouettant. Salez, poivrez et ajoutez quelques gouttes de jus de citron.
Autres sauces possibles : à la menthe, Choron (avec de la tomate), mousseline (en ajoutant de la crème fouettée), béarnaise (en ajoutant de l'estragon et du vinaigre).
Idéale pour : le turbot, les filets de sole, le bar.

LES SAUCES BLANCHES LIÉES
Pour 6 personnes environ. Dans une casserole, faites cuire à petit feu, 2 grosses noix de beurre et 1 cuillère à soupe de farine pendant 1 minute, en remuant. Versez 40 cl de fumet de poisson brûlant, mélangez bien au fouet, puis laissez cuire doucement pendant 10 minutes. Ajoutez 10 cl de crème épaisse, salez et poivrez.
Autres sauces possibles : au vin blanc, au curry, au safran, au paprika, aux champignons.
Idéale pour : la lotte, le cabillaud, le merlan, la perche.

BEURRE BLANC
Pour 6 personnes environ. Dans une casserole, faites cuire 2 échalotes hachées à feu doux, avec une noix de beurre, pendant 2 minutes environ. Ajoutez un verre de vin blanc sec, laissez-le s'évaporer presque complètement. Ajoutez 3 cuillerées à soupe de crème épaisse et faites bouillir pendant 1 minute. Retirez du feu et ajoutez 150 g de beurre coupé en morceaux. Salez et poivrez.

Autres sauces possibles : beurre « rouge » (avec du vin rouge), beurre de ciboulette, beurre aux agrumes (avec du jus de pamplemousse).
Idéale pour : le grondin, le cabillaud, la julienne, le brochet, le sandre.

LES SALSAS ET ACCOMPAGNEMENTS
Pour 6 personnes environ. Hachez grossièrement 3 tomates, 3 oignons nouveaux, 1 petit piment, un peu de gingembre frais et une botte de coriandre. Réunissez ces ingrédients dans un bol. Ajoutez les jus de 2 citrons verts, de 1 orange et 6 cl d'huile d'olive. Salez et poivrez.
Autres sauces possibles : personnalisez votre sauce avec de l'ananas, de la papaye, de la tomate verte, des dés d'orange, de la grenade…
Idéale pour : le rouget, le thon, la daurade, le bar, le grondin, la sardine, l'anchois.

Les sauces froides

LA MAYONNAISE

Préparez-la avec un fouet à main ou un fouet électrique. 2 jaunes, 2 c. à café de vinaigre blanc, 30 cl d'huile de votre choix, sel et poivre.
Les ingrédients de la recette doivent tous être à température ambiante.
Commencez par mélanger les jaunes d'œufs, le vinaigre et un peu d'eau. Laissez reposer un court moment.
Versez l'huile en un trait continu et très fin au début en fouettant sans arrêt. Lorsque la mayonnaise commence à prendre, vous pouvez verser l'huile légèrement plus vite, mais sans cesser de fouetter.

BOOSTEZ VOTRE MAYONNAISE !
La mayonnaise au fenouil.
Parfaite pour : la daurade, le rouget, le bar.
Ajoutez 3 cuillerées à café de liqueur anisée, 1 cuillerée à café de ciboulette hachée et la même quantité de graines d'anis vert finement hachées à une mayonnaise nature.

La sauce verte
Parfaite pour : le turbot, la lotte, le merlan.
Ébouillantez 1 poignée de feuilles de cresson. Égouttez-les, rafraîchissez-les à l'eau courante et essorez-les soigneusement. Placez le cresson et 25 g d'herbes mélangées (ciboulette, cerfeuil et estragon) dans le bol d'un mixeur et réduisez le tout en une pâte aussi fine que possible. Ajoutez-la à une mayonnaise préparée à l'huile d'olive.

La sauce rose
Parfaite pour : le cabillaud, le lieu, le colin.
Ajoutez 5 cuillère à soupe de ketchup, 4 cuillère à

Le fumet de poisson - Idéal pour pocher les poissons et préparer les sauces.

Pour environ 1,5 l de fumet de poisson
Temps de cuisson : 35 minutes
Ingrédients : 750 g d'arêtes de sole, de cabillaud, de turbot ou équivalent (pas de poisson gras), 1 bouquet garni, 1 gros blanc de poireau, 1 tige de céleri, 20 cl de vin blanc sec.

Dans une casserole, assemblez les arêtes, les légumes coupés finement, le bouquet garni et le vin blanc. Faites bouillir pendant 2 à 3 minutes, puis couvrez d'eau froide juste à hauteur. Portez à ébullition et laissez mijoter très doucement pendant 35 minutes. Écumez de temps en temps, puis filtrez.

soupe de crème épaisse, du sel et du poivre, à une mayonnaise préparée avec de l'huile de tournesol ou d'arachide.

La mayonnaise au citron
Parfaite pour : les bulots, les bigorneaux.
Préparez une mayonnaise au mixeur en remplaçant le vinaigre par du jus de citron et en ajoutant 2 zestes très finement râpés.

La mayonnaise à la moutarde
Parfaite pour : le bar chaud ou froid, les bulots.
Préparez une mayonnaise au mixeur en utilisant 1 œuf entier, 1 cuillerée à soupe de vinaigre blanc, 1 cuillerée à soupe de moutarde anglaise, du sel, du poivre blanc et 30 cl d'huile de tournesol.

La sauce tartare
Parfaite pour : le colin froid, les bulots, les bigorneaux.
Préparez 1 cuillerée à café de chacun des ingrédients suivants : olives vertes, cornichons, câpres. Et 2 cuillerées à café de chacune de ces herbes finement hachées : ciboulette et persil. Ajoutez tous ces ingrédients à une demi-recette de mayonnaise à la moutarde.

L'aïoli - Facile à réussir et succulent

4 gousses d'ail, ½ cuillerée à café de sel, 1 jaune d'œuf
2 cuillerées à café de jus de citron, 17,5 cl d'huile d'olive vierge,
2 pincées de safran.

Écrasez les gousses d'ail. Salez-les et hachez-les aussi finement que possible pour obtenir une pâte homogène.
Placez la pâte d'ail frais dans un saladier avec le jaune d'œuf et le jus de citron. Mélangez le tout avec un fouet électrique, puis incorporez progressivement l'huile d'olive en fouettant à vitesse soutenue. Ajoutez ensuite le safran.

Spécial tourteaux homards et langoustes

LA CUISSON DES TOURTEAUX, HOMARDS, LANGOUSTES
Temps de cuisson :
jusqu'à 550 g : 15 minutes ;
jusqu'à 900 g : 20 minutes ;
jusqu'à 1 500 g : 25 minutes ;
plus gros : 30 minutes.

Portez à ébullition une grosse marmite pleine d'eau salée (15 g de sel par litre d'eau). Plongez-y le crustacé et calculez le temps de cuisson dès la reprise de l'ébullition. Égouttez-le et laissez-le refroidir.

LE COURT-BOUILLON POUR CUIRE LES CRUSTACÉS
Pour 2,5 l de court-bouillon
1 bulbe de fenouil
1 gros oignon
1 carotte
3 branches de céleri
½ cuillerée à café de sel
2 cuillerées à café de poivre noir en grains
4 feuilles de laurier
2 brins de thym frais
½ cuillerée à café de graines de fenouil
50 cl de vin blanc sec

Hachez grossièrement tous les légumes et assemblez-les dans une grande casserole avec les autres ingrédients (sauf le vin) et 3 l d'eau.
Portez à ébullition, puis faites mijoter à couvert pendant 25 minutes. Retirez du feu et ajoutez le vin blanc.

POUR 4 PERSONNES

SOLE SUR ARÊTES ET LÉGUMES D'ASIE

Préparation : 1 h
Cuisson : 50 min

VOS INGRÉDIENTS

Pour les soles
4 soles ébarbées et vidées
500 g d'arêtes de sole
(à demander au poissonnier)

Pour la purée de potimarron
2 potimarrons
10 cl d'huile de noisette
20 cl de crème
3 cl de yuzu
Sel, poivre

Pour les cocos
10 g de gingembre
2 g de piment d'Espelette
100 g de coco de Paimpol cuits
100 g de beurre
10 cl de fumet de poisson
Laurier, thym
Sel, poivre

Pour les champignons des bois
300 g de trompettes de la mort
300 g de pieds de mouton
Thym, laurier, 2 échalotes
8 tiges de fleur d'ail
100 g de beurre

Pour la sauce et le décor
1 l de cidre
Beurre
1 citron jaune
1 citron vert
Fleur comestibles ou kumquats

VOS USTENSILES

Robot mixeur
Casseroles
Sauteuse
Fouet
Passoire fine

LES SOLES

Lavez rapidement les soles à l'eau, puis épongez-les avec un torchon propre. Réservez.

Placez les arêtes de soles dans une casserole, couvrez-les d'eau froide et salez. Portez à ébullition, puis laissez cuire à feu doux pendant 20 minutes.

Filtrez le bouillon à travers une passoire et réservez-le.

LA PURÉE DE POTIMARRON

Épluchez les potimarrons et ôtez les pépins. Taillez la chair en dés, puis faites-les cuire dans de l'eau bouillante pendant 25 minutes.

Égouttez, passez au mixeur avec la crème, salez, poivrez et réservez. Ajoutez le yuzu et l'huile de noisette au dernier moment.

LES COCOS

Dans une casserole, faites suer les cocos de Paimpol dans une noisette de beurre. Mouillez avec le fumet de poisson, ajoutez le thym, le laurier et laissez réduire de moitié.

Lorsque les cocos sont cuits, ajoutez le beurre restant en petits cubes, pour les glacer, le piment d'Espelette et le gingembre râpé. Réservez.

LES CHAMPIGNONS DES BOIS

Triez et lavez à plusieurs reprises les champignons. Pelez les échalotes. Ciselez-les ainsi que les tiges de fleur d'ail.

Cuisez les champignons en deux fois. Commencez par leur faire rendre leur eau dans une poêle très chaude. Égouttez-les. Ajoutez ensuite la moitié du beurre dans la poêle et faites-y suer les échalotes, puis les champignons avec les tiges d'ail, un peu de thym et de laurier.

LA SAUCE ET LE DÉCOR

Dans une casserole, portez le cidre et le bouillon de sole à ébullition. Laissez réduire aux deux tiers. Retirez du feu et ajoutez du beurre en fouettant.

Faites cuire les soles dans une poêle avec du beurre de chaque côté pendant 7 minutes, finissez la cuisson avec du jus de citron.

Déposez les soles dans les assiettes, agrémentez-les de cocos cuits et de purée de potimarron. Nappez de sauce, ajoutez des zestes des citrons jaune et vert et décorez avec des fleurs comestibles ou des kumquats coupés en quartiers.

L'ASTUCE DE PIERRE SANG :

Donnez une autre saveur à cette recette en remplaçant tout ou partie du potimarron par des châtaignes fraîches pelées.

POUR 4 PERSONNES
RÂBLES DE LIÈVRE RÔTIS, À L'ANANAS ET AU GINGEMBRE

Préparation : 1 h
Cuisson : 1 h 45 min

VOS INGRÉDIENTS
Les os des râbles de lièvre
2 échalotes
1 gousse d'ail
1 brin de thym
1 bouteille de vin rouge
Huile d'olive
Sel, poivre

Pour les râbles
2 râbles de lièvre désossés
Huile d'olive
1 noix de beurre
1 gousse d'ail

Pour l'ananas et les champignons
¼ d'ananas épluché
25 g de beurre
30 g de gingembre frais
150 g de trompettes de la mort
Huile d'olive

Pour les légumes
2 carottes
1 panais
1 navet
2 salsifis
8 fleurs d'ail
1 noix de beurre noisette
1 botte de ciboulette
Sel, poivre

Pour la purée
4 topinambours
1 noix de beurre
2 cuillerées à soupe de crème fraîche
Lait
Sel, poivre

VOS USTENSILES
Chinois
Presse-purée

Concassez les os de lièvre et faites-les dorer à l'huile d'olive dans une cocotte pendant 15 minutes en remuant pour obtenir une belle coloration.

Ajoutez les échalotes, l'ail épluché et haché, le thym et le vin. Portez à ébullition, faites réduire aux deux tiers, puis ajoutez l'eau. Poursuivez la cuisson pendant 35 minutes. Filtrez, salez, poivrez et réservez ce jus.

LES RÂBLES
Ficelez les râbles et faites-les colorer à l'huile d'olive, au beurre et à l'ail. Poursuivez la cuisson pendant 7 minutes à la poêle pour qu'ils restent « rosés ». Retirez-les du feu et réservez-les.

L'ANANAS ET LES CHAMPIGNONS
Détaillez l'ananas en rectangles et faites-les dorer au beurre. Ajoutez le gingembre pelé et râpé. Réservez.

Lavez les trompettes de la mort et faites-les sauter à l'huile d'olive.

LES LÉGUMES
Épluchez tous les légumes, coupez-les en dés, et faites-les blanchir pendant 5 minutes dans de l'eau salée, puis faites-les revenir dans du beurre noisette, avec la ciboulette hachée et les fleurs d'ail. Salez, poivrez et réservez.

LA PURÉE
Épluchez les topinambours et coupez-les en tranches. Faites-les cuire 25 minutes dans du lait. Égouttez-les, pressez-les en purée, puis ajoutez la crème, le beurre, du sel et du poivre.

Dans les assiettes, disposez harmonieusement les râbles de lièvre sur les rectangles d'ananas. Nappez de jus de cuisson. À côté, répartissez la purée de topinambours et les légumes sautés. Servez aussitôt.

L'ASTUCE DE STÉPHANIE :
Pour que le jus de cuisson de lièvre soit bien savoureux et accompagne parfaitement la viande et les légumes, faites-le bouillir et réduire assez longtemps pour que son goût soit bien marqué.

MOULES, CREVETTES ET POMMES PAILLE

POUR 4 PERSONNES

Préparation : 1 h
Cuisson : 20 min

VOS INGRÉDIENTS
800 g de moules
10 cl de vin blanc
2 branches de céleri
12 crevettes
100 g de chorizo
2 échalotes
4 pommes de terre à frites
10 cl de crème
10 cl de sauce de soja
1 citron vert
Huile d'olive
Sel, poivre

VOS USTENSILES
Friteuse
Couteau
Chinois
Poêle
Casseroles

Taillez les pommes de terre épluchées en bâtonnets, puis faites-les frire pendant 6 minutes environ dans de l'huile chaude. Égouttez, salez et réservez.

Taillez les échalotes épluchées, les branches de céleri en réservant les feuilles et le chorizo en petits dés et faites-les revenir dans de l'huile d'olive pendant quelques minutes. Versez le vin blanc, ajoutez les moules et faites-les ouvrir.

Filtrez le jus de cuisson des moules. Faites-le bouillir un moment dans une casserole, salez, poivrez, ajoutez la crème et réservez.

Décortiquez les crevettes, faites-les mariner un court moment dans la sauce de soja avec un zeste de citron vert et le jus du citron vert.

Égouttez les crevettes et faites-les sauter dans une poêle chaude pendant 3 minutes environ.

Faites frire les feuilles de céleri pendant quelques instants, puis égouttez-les et réservez-les.

Présentez les moules dans des assiettes creuses. Nappez-les de sauce bien chaude. Ajoutez par-dessus les pommes paille, puis les crevettes et le céleri frit. Servez aussitôt.

L'ASTUCE DE TIFFANY :
Utilisez des crevettes crues surgelées. Laissez-les décongeler, puis décortiquez-les. Utilisez-les ensuite comme indiqué dans la recette.

POUR 4 PERSONNES
DÉCLINAISON DE CHOUX ET FENOUIL

Préparation : 1 h
Cuisson : 15 min
Réfrigération : 2 h

VOS INGRÉDIENTS
Pour la gelée
20 cl fond blanc
1 pincée de safran
1 cuillerée à soupe d'huile d'olive
3 feuilles de gélatine
Sel, poivre
Pour le fenouil et le chou-fleur
2 cuillerées à soupe de miel
10 cl de vinaigre de Xérès
2 badianes
2 bulbes de fenouil
1 chou-fleur
Pour les choux de Bruxelles
4 choux de Bruxelles
1 cuillerée à soupe
de sirop de gingembre
Sel
Pour les ballottines
2 choux rouges
4 cuillerées à soupe
d'huile d'olive
2 bâtons de citronnelle
2 cuillerées à soupe
de vinaigre de xérès
1 botte de coriandre
4 feuilles de chou chinois
Sel, poivre

VOS USTENSILES
Casseroles
Ramequins
Bol
Couteau
Film alimentaire

LA GELÉE
Faites tremper pendant 5 minutes les feuilles de gélatine dans un bol d'eau froide.

Faites chauffer le fond blanc, ajoutez le safran, l'huile d'olive, du sel et du poivre. Retirez du feu et ajoutez les feuilles de gélatine essorées.

Versez la gelée dans des petits ramequins. Laissez refroidir et réservez pendant 2 heures au réfrigérateur.

LE FENOUIL ET LE CHOU-FLEUR
Pendant ce temps, faites chauffer le miel dans une casserole, ajoutez le vinaigre de Xérès et les badianes, le fenouil émincé et le chou-fleur détaillé en fleurettes. Faites cuire pendant 5 minutes. Retirez du feu et réservez.

LES CHOUX DE BRUXELLES
Faites blanchir les choux de Bruxelles pendant 5 minutes à l'eau bouillante salée. Égouttez-les et mélangez-les avec une cuillerée à soupe de sirop de gingembre.

LES BALLOTTINES
Coupez finement les choux rouges. Faites infuser la citronnelle pendant 5 minutes dans une casserole d'eau très chaude.

Portez l'eau à la citronnelle à ébullition avec l'huile d'olive, le vinaigre de Xérès et de la coriandre. Faites-y blanchir le chou rouge émincé pendant 2 minutes, puis égouttez-le.

Cuisez les feuilles de chou chinois dans de l'eau bouillante, puis égouttez-les.

Disposez des feuilles de film alimentaire sur la table, posez les feuilles de chou chinois dessus, garnissez-les de chou rouge et formez des ballotins en serrant bien.

Découpez des cercles de gelée et déposez-les sur les assiettes. Disposez ensuite les différentes préparations au chou, à côté et par-dessus, selon votre goût. Servez frais.

L'ASTUCE DE RONAN :
Pour que la gelée puisse se découper facilement, laissez-la bien prendre au réfrigérateur. Pour la couper, prenez un couteau à lame fine que vous tremperez dans de l'eau bien chaude.

POUR 4 PERSONNES
POISSON AUX AGRUMES ET SA CRÈME DE CRESSON

Préparation : 40 min
Cuisson : 30 min

VOS INGRÉDIENTS
Pour les agrumes
1 pamplemousse
1 orange
3 clémentines
1 citron jaune
Pour la garniture
1 salsifis
1 g de safran
300 g de quinoa
Pour la crème de cresson
¼ de botte de cresson
20 cl de crème de soja
Sel, poivre
Pour le poisson
4 pavés de lieu jaune
Sel, poivre

VOS USTENSILES
Couteau
Casseroles
Plancha
Robot mixeur
Presse-agrumes

LES AGRUMES
Pelez le pamplemousse et l'orange à vif : ôtez leur peau avec un couteau bien affûté, puis prélevez les segments et réservez-les. Gardez 4 beaux segments de pamplemousse, taillez le reste en petits dés.

Recueillez le jus des clémentines et du citron en les pressant, réservez-les.

LA GARNITURE
Épluchez le salsifis, taillez-le en fines tagliatelles et réservez-les. Faites bouillir de l'eau additionnée de safran, puis ajoutez le quinoa et les jus des fruits. Laissez cuire 20 minutes, égouttez et réservez.

LA CRÈME DE CRESSON
Pendant ce temps, faites blanchir pendant 2 à 3 minutes les feuilles de cresson dans une casserole d'eau bouillante. Égouttez-les, puis mixez-les avec un peu d'eau de cuisson. Ajoutez la crème de soja et assaisonnez.

LE POISSON
Salez et poivrez les pavés de lieu, puis faites-les cuire à la plancha, à feu doux, pendant 7 à 8 minutes en les retournant délicatement.

Répartissez la crème de cresson dans les assiettes avec une cuillère à soupe. Déposez, à côté, des tagliatelles de salsifis et du quinoa au safran. Posez les pavés de poisson cuits par-dessus. Décorez avec des segments de pamplemousse et des petits dés d'agrumes. Servez aussitôt.

L'ASTUCE DE STÉPHANIE ET DE DAVID :
Faites mariner votre poisson avec du citron, du sel et du poivre, pendant 30 minutes avant de le cuire.

POUR 4 PERSONNES
CROMESQUIS D'ANDOUILLETTE

Préparation : 1 min
Mariné : 30 min
Cuisson : 35 min

VOS INGRÉDIENTS
Pour la purée
400 g de pommes de terre
80 g de beurre
10 cl de lait
Sel, poivre
Pour les andouillettes panées
2 andouillettes
20 g de persil
1 citron vert
30 g de moutarde Savora®
50 g de farine
3 blancs d'œufs
100 g de chapelure
1 l d'huile d'arachide
Pour la mayonnaise
1 jaune d'œuf
1 cuillerée à soupe d'eau
20 cl d'huile d'arachide
Sel, poivre

VOS USTENSILES
Couteau
Presse-purée
Casserole
Friteuse
Fouet à main

LA PURÉE
Faites cuire les pommes de terre pendant 30 minutes à la vapeur ou à l'eau bouillante, épluchez-les, puis passez-les au presse-purée. Mélangez la pulpe obtenue avec le beurre et le lait, puis assaisonnez et réservez.

LES ANDOUILLETTES PANÉES
Taillez (autant que possible) les andouillettes en formes rondes, puis placez-les dans un saladier, avec le persil haché, le jus du citron et un tiers de la moutarde. Faites-les mariner pendant 30 minutes.

Passez chaque « boule » d'andouillette dans la farine, dans le blanc d'œuf et enfin dans la chapelure. Tapotez légèrement pour faire tomber l'excédent de chapelure.

Faites chauffer l'huile à 180 °C dans la friteuse, puis faites-y frire les morceaux d'andouillette, pendant 3 minutes environ.

LA MAYONNAISE
Mélangez le jaune d'œuf, ajoutez la moutarde restante et l'eau. Fouettez et versez l'huile régulièrement. Salez et poivrez.

Répartissez la purée dans les assiettes, déposez par-dessus les boules d'andouillettes panées, et accompagnez de mayonnaise.

L'ASTUCE DE PAUL ARTHUR :
Pour cette recette, choisissez, bien sûr, des andouillettes AAAAA, les meilleures ! Pour la purée, choisissez des pommes de terre bintje.

POUR 4 PERSONNES
FRICASSÉE DE ROGNONS À LA MANIÈRE DE MON GRAND-PÈRE

Préparation : 40 min
Cuisson : 30 min
Marinade : 30 min

VOS INGRÉDIENTS
Pour les rognons
4 rognons d'agneau
2 gousses d'ail
2 branches de thym
2 clous de girofle
5 cl d'huile d'arachide
Pour les légumes et la sauce
100 g de choux de Bruxelles
2 échalotes
2 noix de beurre
2 cuillerées à soupe de moutarde à l'ancienne
10 cl de vin blanc
3 cl de vinaigre de vin rouge
30 cl de fond de veau
2 feuilles de sauge
Sel, poivre

VOS USTENSILES
Casserole
Couteau
Poêle
Chinois

Parez et dénervez les rognons. Ôtez la graisse qui les recouvre et réservez-la.

Faites mariner les rognons pendant 30 minutes dans l'huile agrémentée des gousses d'ail épluchées et hachées, du thym et des clous de girofle.

Faites cuire les choux de Bruxelles à l'eau bouillante pendant 4 minutes, puis faites-les refroidir pendant 4 minutes dans de l'eau froide. Égouttez-les, puis réservez-les.

Coupez finement les échalotes, puis faites-les cuire sans coloration, avec la moitié du beurre. Ajoutez la moutarde, le vin blanc et le vinaigre, puis faites bouillir et réduire à sec.

Ajoutez le fond de veau dans la réduction, puis la sauge et laissez cuire pendant 5 minutes. Salez, poivrez, filtrez et ajoutez la noix de beurre restante. Réservez.

Faites cuire les rognons dans la graisse réservée pendant 10 minutes à feu doux.

Découpez les rognons de veau cuits à votre guise. Répartissez-les dans les assiettes avec les choux de Bruxelles. Nappez délicatement de sauce à la moutarde et servez aussitôt.

L'ASTUCE DE PIERRE SANG :
Ne faites pas trop cuire les rognons pour qu'ils restent bien moelleux et laissez-les reposer quelques minutes avant de les couper.

Préparation : 3 h
Cuisson : 2 h

VOS INGRÉDIENTS
Pour la farce
4 macarons, 3 g de noisettes, 3 g d'amandes, 3 g de pistaches, 10 girolles, 10 champignons de Paris, 50 g de lard gras, 1 échalote, thym, 1/2 citron confit, 1 cuillerée à soupe de persil haché, 4 dattes, 2 filets de canard avec la peau, sel, poivre

Pour les cuisses de canard
2 cuisses de canard, romarin, 2 oignons, 50 g de lard gras

Pour le jus de canard
La carcasse du canard coupée en morceaux, 1 oignon, 1 carotte, 1 échalote, 1 gousse d'ail, 1 branche de thym, 10 cl de vin blanc sec, 1/2 citron confit, 4 dattes, huile d'olive

Pour les légumes et les poires
1 panais, 20 cl de bouillon de légumes, 1 brin de thym, 1 gousse d'ail, 2 poires, 1 l de vin rouge, 60 g de sucre en poudre, 1 concombre, 2 oignons rouges huile d'olive

Pour la brouillade
2 œufs, 1 poignée d'oseille, 1 botte de persil, 1 botte de cerfeuil, sel, poivre

VOS USTENSILES
Robot mixeur
Plat à four

POUR 4 PERSONNES

CANARD, SAUCE DOUCE, CONCOMBRE FARCI

LA FARCE
Hachez les macarons avec les fruits secs. Faites sauter les champignons et coupez-les, ainsi que le lard gras et l'échalote, en petits dés. Ajoutez 1 branche de thym, le citron confit, le persil haché et les dattes. Mélangez bien.

Préchauffez le four à 180 °C. Farcissez les filets de canards sous la peau, assaisonnez-les, ficelez-les et mettez-les en broche.

LES CUISSES DE CANARD
Préparez un plat avec les cuisses de canard, 2 brins de romarin, les oignons hachés et le lard gras. Enfournez pour 30 minutes de cuisson, puis sortez du four et réservez.

LE JUS DE CANARD
Faites dorer dans un peu d'huile d'olive les morceaux de carcasse, la carotte épluchée et coupée en rondelles, l'oignon et l'échalote émincés, l'ail et le thym. Dégraissez et ajoutez le vin blanc. Versez de l'eau froide à hauteur, ajoutez le citron confit et des dattes. Portez à ébullition et laissez mijoter pendant 40 minutes.

LES LÉGUMES ET LES POIRES
Épluchez et coupez le panais. Placez-le dans une casserole, mouillez avec du bouillon de légumes, ajoutez le thym et l'ail. Faites cuire 20 minutes.

Mettez les poires pelées et évidées à cuire dans le vin rouge et le sucre avec un peu de poivre pendant 8 minutes. Coupez le concombre en tronçons et faites-les bouillir un instant. Égouttez-les et réservez-les. Pelez et coupez finement les oignons rouges. Faites-les cuire pendant 10 minutes dans un peu d'huile d'olive. Salez, poivrez et réservez. Faites cuire les filets de canard à la poêle pendant 8 à 10 minutes.

LA BROUILLADE
Battez les œufs et réalisez une brouillade d'œufs. Ajoutez l'oseille, le persil et le cerfeuil hachés. Assaisonnez et farcissez les tronçons de concombre creusés.

Prélevez la chair restante sur la carcasse et mélangez à l'oignon rouge réservé. Coupez les poires en deux et farcissez-les de préparation à l'oignon rouge. Tranchez le magret en deux dans la longueur et filtrez le jus. Présentez les filets, les cuisses, les poires et le panais dans les assiettes. Nappez délicatement de jus et servez aussitôt.

L'ASTUCE DE FANNY ET DE STÉPHANIE :
Passé l'automne, et la saison du canard colvert, choisissez une belle cannette.

POUR 4 PERSONNES

BLANQUETTE DE VEAU, CROQUETTES DE RIZ

Faites cuire le veau pendant 40 minutes dans une casserole d'eau froide portée à ébullition avec le bouquet garni. Pendant ce temps, faites cuire le riz avec un oignon finement coupé et coloré au préalable dans un peu de beurre. Recouvrez le riz à hauteur avec de l'eau et faites-le cuire à feu doux en remuant régulièrement. Laissez refroidir.

LE JUS DE CAROTTE
Pelez les carottes. Réservez-en deux et passez les autres à la centrifugeuse pour en recueillir le jus. Portez la moitié du jus de carotte à ébullition, ajoutez le vinaigre et la farine. Ajoutez l'autre moitié du jus, mélangez et laissez refroidir. Réservez.

LE COULIS DE PERSIL
Ébouillantez le persil, puis laissez-le refroidir. Passez le persil au mixeur avec l'ail épluché et de l'huile d'olive. Réservez.

LA SAUCE
Ébouillantez trois fois de suite un oignon et une tête d'ail épluchés en changeant l'eau à chaque fois. À l'aide du mixeur, réduisez l'oignon et l'ail en purée avec 30 g de beurre et la farine. Mélangez cette préparation avec 20 cl de jus de cuisson du veau. Portez à frémissements, salez, poivrez et réservez.

LES CROQUETTES
Détaillez les 2 carottes réservées en brunoise et faites-les blanchir pendant 2 minutes dans de l'eau bouillante salée. Égouttez-les. Faites suer les cèpes, puis taillez-les en brunoise ainsi que le quart d'oignon restant. Mélangez les ingrédients précédents, ajoutez un peu de coulis de persil, 1 gousse d'ail écrasée, le thym, l'échalote et le persil hachés.

Faites cuire cette farce dans la graisse de canard à feu doux. Salez, poivrez, ajoutez un peu de piment d'Espelette, puis laissez refroidir. Mêlez la farce aux cèpes au riz froid et formez les croquettes. Passez-les dans le blanc d'œuf, puis dans la chapelure. Faites-les dorer doucement à la poêle avec un peu de beurre.

Épluchez et émincez finement les champignons de Paris. Dans l'assiette, répartissez la viande cuite, agrémentez-la de tranches de champignons de Paris. Déposez à côté les croquettes, un peu de pistou de persil, quelques gouttes de préparation à la carotte et de sauce, décorez avec un peu de ciboulette et de cerfeuil.

L'ASTUCE D'ABRAHAM ET DE FANNY :
Choisissez un bon morceau de veau à bouillir comme l'épaule, le jarret ou le quasi.

Préparation : 1 h 20 min
Cuisson : 1 h 10 min

VOS INGRÉDIENTS
600 g de veau
1 bouquet garni
150 g de riz
1 oignon
Beurre

Pour le jus de carotte
20 carottes
1 cuillerée à café de vinaigre
50 g de farine

Pour le coulis de persil
1 botte de persil
1 tête d'ail
5 cl d'huile d'olive

Pour la sauce et les croquettes
1 oignon + ¼ d'oignon
1 tête d'ail + 1 gousse d'ail
30 g de farine
30 g de beurre + pour la cuisson
150 g de cèpes
80 g de graisse de canard
6 champignons de paris
1 botte de cerfeuil
1 botte de ciboulette
½ botte de persil plat
1 échalote
1 brin de thym
Piment d'Espelette
2 blancs d'œufs
Chapelure
Sel, poivre

VOS USTENSILES
Centrifugeuse

Préparation : 1h
Cuisson : 1h 05 mn

VOS INGRÉDIENTS
4 filets de chevreuil
Beurre
Sel, poivre

Pour la sauce
800 g d'os de chevreuil
Huile d'olive
10 cl de porto
50 cl de fond de veau (reconstitué à partir de fond déshydraté)
Se, poivre

Pour la garniture
1 potimarron
200 g de cèpes
Beurre
Huile d'olive
8 oignons nouveaux
Sel de mer, poivre du moulin

VOS USTENSILES
1 emporte-pièce rond
Poêles
Casseroles
Chinois
Robot mixeur

POUR 4 PERSONNES

DOS DE CHEVREUIL RÔTI ET GARNITURE D'AUTOMNE

Demandez à votre boucher de lever, de dégraisser et de ficeler individuellement les filets de chevreuil. Demandez-lui aussi de casser les os et de vous les donner.

LA SAUCE
Faites revenir à feu vif les os dans une casserole avec l'huile d'olive pendant 10 minutes en remuant. Versez le porto, remuez, puis ajoutez le fond de veau. Portez à ébullition et laissez réduire pendant 15 minutes pour concentrer les arômes. À la fin, goûtez et assaisonnez. Filtrez et réservez.

LA GARNITURE
Coupez le potimarron en quartiers et évidez-les. Épluchez les quartiers, puis, avec un petit emporte-pièce rond, détaillez 4 palets.

Faites sauter les palets de potimarron dans une poêle avec un peu d'huile d'olive et de beurre. Assaisonnez et réservez.

Préparez une purée avec le potimarron restant. Coupez la chair en morceaux et faites-les revenir dans une casserole avec un peu d'huile d'olive. Assaisonnez.

Faites cuire à feu doux et à couvert pendant 10 minutes. Remuez régulièrement. Une fois cuit, mixez le potimarron, ajoutez du beurre et rectifiez l'assaisonnement. Réservez.

Coupez l'extrémité terreuse et grattez le pied des cèpes. Coupez les champignons en deux dans la hauteur et faites-les revenir dans une poêle avec de l'huile d'olive pendant 10 à 12 minutes. Assaisonnez-les et réservez-les.

Faites chauffer une poêle. Salez et poivrez les filets de chevreuil. Faites-les colorer de tous les côtés dans un peu de beurre. Arrosez-les avec le beurre en cours de cuisson. Laissez cuire à feu moyen pendant 10 minutes.

Retirez les filets du feu, déposez-les sur une assiette, couvrez d'une autre assiette et laissez-les reposer pendant 10 minutes. Pendant ce temps, ajoutez les oignons nouveaux dans la poêle et cuisez-les *al dente*.

Déposez harmonieusement les filets de chevreuil coupés en rondelles, les palets de potimarron et les oignons dans les assiettes. Servez la sauce au porto bien chaude à part et décorez avec les cèpes.

L'ASTUCE DE STÉPHANIE, DE PAUL ARTHUR ET DE LUDOVIC :
Choisissez des cèpes « bouchon » : ils sont petits, très fermes, parfaits pour cette recette.
Préparez une purée de potimarron à l'huile d'olive avec les chutes des palets et servez-la en accompagnement du plat.

POUR 4 PERSONNES
BOUDIN NOIR VERSION ANGLAISE

Préparation : 1 h
Cuisson : 10 min

VOS INGRÉDIENTS
Pour les roulés au boudin
2 échalotes
2 poires
1 pincée de sucre en poudre
10 cl de cognac
2 boudins noirs
1 botte de basilic
1 botte de ciboulette
Sel, poivre
Pour les légumes assaisonnés
1 carotte
3 minicarottes
1 courgette
1 citron jaune
4 cuillerées à soupe d'huile d'olive
1 pincée de piment d'Espelette
2 citrons confits

VOS USTENSILES
Couteau
Casseroles
Poêle
Mandoline
Couteau économe
Saladier
Presse-agrumes

LES ROULÉS AU BOUDIN
Pelez les échalotes et coupez-les en petits dés avec la moitié des poires épluchées et épépinées. Faites cuire à feu doux avec le sucre, puis versez le cognac. Salez, poivrez, puis transvasez la préparation dans un saladier.

Ajoutez la chair des boudins, les trois quarts du basilic et de la ciboulette, ainsi que la poire restante coupée en dés, au contenu du saladier. Réservez.

LES LÉGUMES ASSAISONNÉS
Épluchez la carotte et taillez-la en copeaux au couteau économe. Pelez les minicarottes et plongez-les quelques secondes dans de l'eau bouillante. Égouttez et réservez.

Taillez la courgette en lamelles à la mandoline et ébouillantez-les comme les carottes, puis refroidissez-les rapidement. Roulez la farce au boudin dans des lamelles de courgettes.

Assaisonnez les copeaux de carotte et les minicarottes avec la ciboulette et le basilic restants. Ajoutez le jus de citron, les citrons confits hachés, le piment et l'huile d'olive.

Déposez un boudin dans chaque assiette et répartissez la garniture de légumes et d'herbes.

L'ASTUCE DE FANNY :
Pour réaliser les copeaux de carotte, choisissez une carotte jaune, rouge ou pourpre. Vous en trouverez dans les magasins bio.

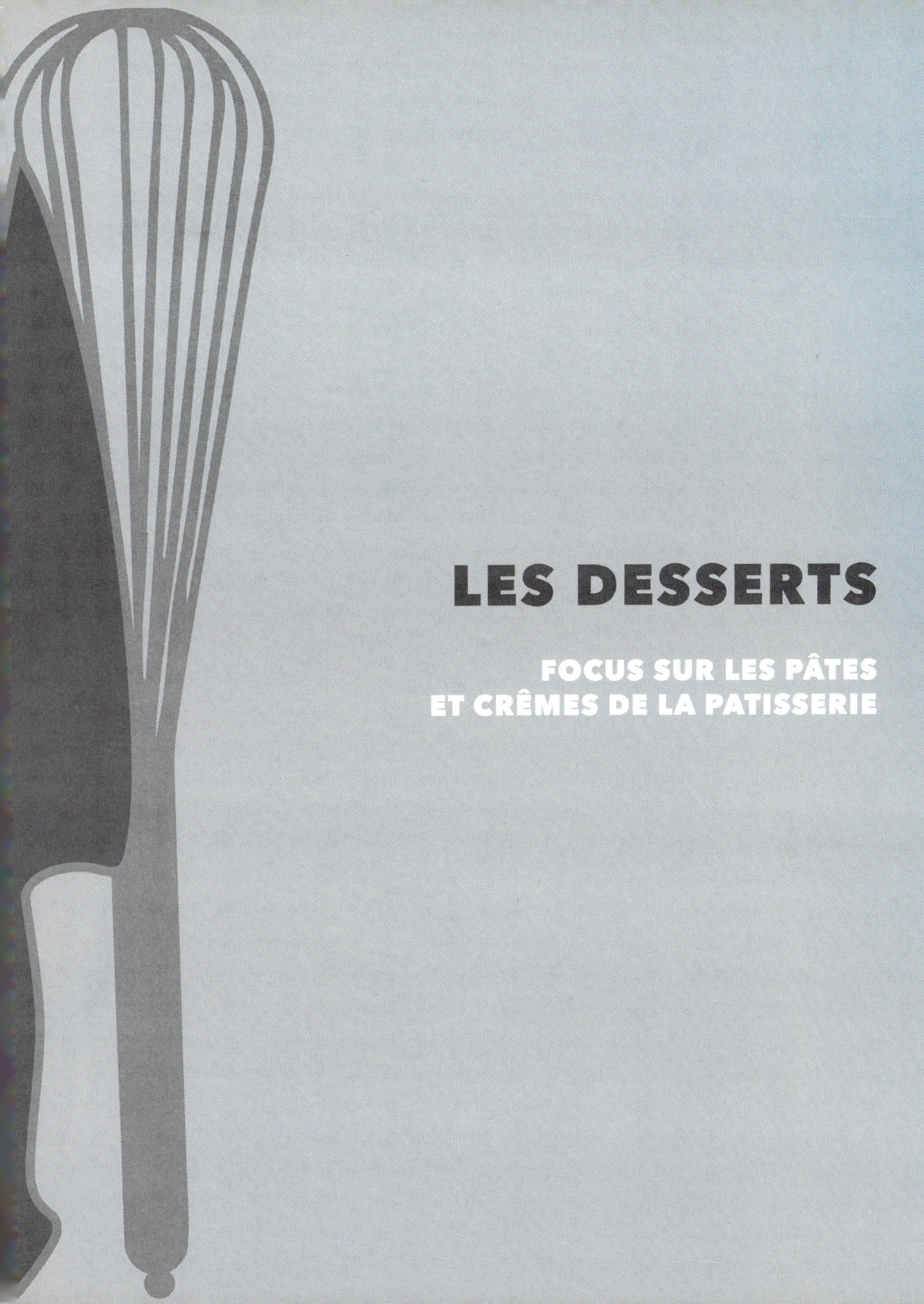

LES DESSERTS

FOCUS SUR LES PÂTES ET CRÈMES DE LA PATISSERIE

Préparation : 1 h
Cuisson : 10 min

VOS INGRÉDIENTS
Pour la crème au mascarpone et le café épicé
1 pot de mascarpone
50 g de sucre en poudre
16 biscuits à la cuiller
1 espresso
1 bâton de cannelle
1 filament d'anis étoilé
Pour les fruits rouges marinés
10 cl de porto blanc
1 barquette de fraises
1 barquette de framboises
4 cigarettes russes
Pour le caramel
10 caramels en bonbons
50 g de noix de pécan

VOS USTENSILES
Poche à douille
Casserole
Poêle
4 emporte-pièces ronds
4 verrines
Passoire fine
Papier de cuisson

POUR 4 PERSONNES
TIRAMISU ET SA VERRINE DE FRUITS ROUGES

LA CRÈME AU MASCARPONE ET LE CAFÉ ÉPICÉ
Mélangez le mascarpone avec 40 g de sucre, remplissez-en une poche à douille, puis réservez au réfrigérateur.

Réalisez l'espresso, ajoutez les épices et laissez infuser quelques minutes avant de filtrer.

LES FRUITS ROUGES MARINÉS
D'autre part, faites bouillir et réduire le porto dans une casserole pendant 4 à 5 minutes, puis ajoutez le sucre restant.

Nettoyez les fruits rouges et coupez les fraises en quartiers, puis placez-les dans un bol avec les framboises. Versez la réduction de porto sur les fruits et réservez au réfrigérateur.

LE CARAMEL
Faites griller pendant quelques minutes les noix de pécan dans une poêle chauffée à feu moyen, puis réservez-les.

Faites fondre les caramels au bain-marie. Trempez les biscuits à la cuiller dans le café, puis déposez-les sur une plaque recouverte de papier de cuisson.

Disposez 4 emporte-pièces ronds sur les assiettes. Déposez 4 biscuits imbibés de café par emporte-pièce, versez une couche de mascarpone et égalisez la surface avec le dos d'une cuillère. Ajoutez un trait de caramel et saupoudrez de noix de pécan concassées. Réservez au frais.

Déposez dans 4 verrines, un fond de mascarpone, puis une couche de fruits rouges. Si vous le souhaitez, faites des couches de mascarpone et de fruits jusqu'à épuisement des ingrédients.

Ôtez délicatement les emporte-pièces des tiramisus, déposez la verrine de fruits rouges à côté, sur l'assiette, et servez bien frais, sans attendre.

L'ASTUCE D'ABRAHAM :
Imbibez bien les biscuits de café pour qu'ils soient moelleux et qu'ils aient plus de goût.

POUR 4 PERSONNES
POIRE POCHÉE À LA VANILLE ET SA CRÈME D'AMANDE

Préparation : 40 min
Cuisson : 1 h 20 min

VOS INGRÉDIENTS

Pour les poires pochées
2 gousses de vanille
300 g de sucre en poudre
1 l d'eau
4 poires

Pour la crème d'amande
400 g de beurre
350 g d'amandes en poudre
4 œufs
350 g de sucre en poudre

Pour les tuiles
200 g de jus d'orange
200 g de beurre préalablement fondu + beurre pour la plaque de cuisson
150 g de farine
150 g de sucre en poudre
150 g d'amandes en poudre

Pour la finition
2 cuillerées à soupe de porto
1 noisette de gingembre
Le jus de 1 orange
4 sommités de feuilles de menthe

VOS USTENSILES

Casserole
Couteau
Saladier
Robot mixeur
Poche à douille
Plat à four
Fouet à main

LES POIRES POCHÉES
Préparez un sirop en mélangeant les gousses de vanille coupées en deux dans la longueur, le sucre et l'eau. Portez à ébullition et laissez frémir pendant 15 minutes.

Épluchez les poires, évidez-les en les laissant entières pour pouvoir les fourrer. Plongez-les 25 minutes dans le sirop à la vanille frémissant. Égouttez les poires et réservez le sirop.

LA CRÈME D'AMANDE
Dans un saladier, mélangez le beurre mou avec les amandes en poudre, les œufs et le sucre. Mixez la préparation, puis réservez-la.

Préchauffez le four à 180 °C. Mettez la crème d'amande dans une poche à douille et fourrez l'intérieur des poires cuites avec la crème.

Placez les poires dans un plat à rôtir et enfournez-les pendant 10 minutes, puis réservez-les.

LES TUILES
Dans un saladier, mélangez les ingrédients de la recette avec un fouet. Dessinez des anneaux de pâte sur la plaque de cuisson beurrée.

Enfournez les tuiles 7 à 8 minutes, puis décollez-les et laissez-les refroidir.

LA FINITION
Portez à ébullition le sirop de poire réservé, laissez réduire une vingtaine de minutes, ajoutez le gingembre, le porto et le jus d'orange.

Comme sur la photo, enchâssez les poires cuites et farcies dans les cercles de tuile. Déposez-les sur des assiettes et décorez de sommités de feuilles de menthe. Agrémentez les assiettes de quelques cuillerées à soupe de jus au gingembre et porto.

L'ASTUCE D'ALEXIS :
Ne cuisez pas trop les poires dans le sirop : elles doivent rester assez fermes, sinon elles deviennent très difficiles à fourrer de crème d'amande. Piquez-les en cours de cuisson avec une aiguille pour vérifier leur fermeté.

POUR 4 PERSONNES

MOUSSE CHOCOLAT, CARAMEL ET PAMPLEMOUSSE

Préparation : 1 h
Cuisson : 4 min
Réfrigération : 2 h

VOS INGRÉDIENTS

Pour la mousse au chocolat
200 g de chocolat au lait
30 g de beurre
6 œufs
150 g de sucre en poudre

Pour le caramel au pamplemousse
2 pamplemousses
4 cuillerées à soupe de miel
10 cl de crème fraîche

VOS USTENSILES

Casserole
Fouet électrique
Presse-agrumes
4 petits pots
Passoire fine

LA MOUSSE AU CHOCOLAT

Cassez le chocolat en morceaux, placez-le sur un bain-marie avec le beurre. Faites fondre en mélangeant de temps en temps.

D'autre part, cassez les œufs en séparant les blancs des jaunes. Montez les blancs en neige ferme avec le fouet électrique, ajoutez le sucre et battez encore pendant 2 à 3 minutes.

Quand la meringue est prête, ajoutez, hors du feu, les jaunes d'œufs au chocolat fondu. Incorporez ensuite la meringue avec soin.

Répartissez la mousse dans des petits pots et réservez-les au frais pendant au moins 2 heures.

LE CARAMEL AU PAMPLEMOUSSE

Pressez les pamplemousses et filtrez leur jus. Réservez.

Dans une casserole, portez le miel à ébullition et faites un caramel. Quand il est bien coloré, versez, hors du feu, le jus de pamplemousse. Attention aux projections !

Ajoutez la crème portée à ébullition dans une autre casserole. Mélangez bien le tout, puis laissez refroidir.

Versez une cuillerée à soupe de la préparation sur chaque petit pot de mousse et replacez au frais pendant quelques minutes. Servez frais.

L'ASTUCE DE TIFFANY :

Pour que les blancs montent bien et que la meringue soit ferme comme elle doit l'être, soyez très attentif à ne pas laisser de jaune d'œuf dedans, au moment où vous les cassez.

Préparation : 35 min
Cuisson : 15 min

VOS INGRÉDIENTS
2 pommes vertes
250 g de chocolat noir
1 ananas
1 noix de beurre
300 g de sucre en poudre
8 œufs entiers
1 branche de thym
1 pincée de 4-épices

VOS USTENSILES
Couteau
Saladier
Batteur électrique
Poêle
4 verrines

POUR 4 PERSONNES
SABAYON AU THYM ET ANANAS RÔTI

Pelez les pommes, épépinez-les, coupez-les en dés et réservez-les.

Mettez les carrés de chocolat dans un saladier. Placez ce dernier sur un bain-marie tiède et faites fondre le chocolat en ajoutant le 4-épices. Mélangez de temps en temps.

Épluchez l'ananas. Taillez-le en quatre et ôtez le cœur. Coupez la chair en morceaux.

Dans une poêle, faites sauter les morceaux d'ananas avec le beurre et 1 cuillerée à soupe de sucre. Laissez colorer quelques minutes et réservez.

D'autre part, cassez les œufs dans un saladier. Fouettez-les au batteur électrique avec le reste du sucre jusqu'à l'obtention d'une consistance crémeuse. Ajoutez le thym et réservez.

Répartissez les pommes en dés dans 4 verrines ou bols. Déposez l'ananas par-dessus.

Recouvrez les fruits de sabayon et terminez la recette en versant un peu de chocolat fondu aux épices. Servez sans attendre avant que le chocolat ne se raffermisse.

L'ASTUCE DE PIERRE SANG ET D'ALEXIS :
Si vous voulez transformer votre sabayon en gratin, faites flamber la surface du dessert avec un chalumeau, avant de verser le chocolat.

POUR 4 PERSONNES
FRUITS CROUSTILLANTS

Préparation : 30 min
Cuisson : 10 min

VOS INGRÉDIENTS
Pour les fruits
5 g de sucre en poudre
+ 2 cuillerées à soupe
1 cuillerée à soupe de rhum
2 cuillerées à soupe
de raisins secs
1 pomme granny-smith
2 pommes pink-lady
10 g de beurre
10 cl d'eau

Pour le croustillant
3 cuillerées à soupe
d'amandes mondées
2 abricots confits
10 g de farine
15 g de sucre en poudre
1 poignée
de noisettes décortiquées
2 belles noix de beurre
4 cuillerées à soupe de faisselle

VOS USTENSILES
Couteau
Casserole
Poêle
4 bols transparents

LES FRUITS
Dans une casserole, assemblez les 5 g de sucre, le rhum et l'eau. Portez à ébullition et retirez aussitôt du feu. Versez ce sirop sur les raisins secs et laissez-les gonfler.

Pendant ce temps, épluchez les pommes, épépinez-les, puis coupez-les en petits dés.

Dans une poêle, faites chauffer le beurre à feu moyen, puis ajoutez les dés de pommes et les 2 cuillerées à soupe de sucre. Faites sauter et caraméliser. Retirez du feu et réservez.

Préchauffez le four à 180 °C. Hachez assez finement les amandes avec un couteau, puis faites-les griller quelques minutes, dans une poêle chauffée à feu moyen. Remuez-les souvent. Laissez refroidir et réservez.

Taillez les abricots en petits dés et réservez-les.

LE CROUSTILLANT
Hachez les noisettes. Mélangez-les avec le beurre mou, le sucre, la farine et les amandes. Étalez cette préparation sur une plaque et enfournez pour 5 minutes de cuisson.

Répartissez les pommes cuites au fond des bols, puis déposez les abricots par-dessus. Agrémentez de raisins secs, de faisselle et répartissez le croustillant encore chaud par-dessus. Servez aussitôt.

L'ASTUCE DE FANNY :
Pour obtenir une saveur encore plus intéressante, panachez raisins secs blancs et noirs.

POUR 4 PERSONNES

FINANCIER, BONBON AU CHOCOLAT ET CRUMBLE AUX FRUITS ROUGES

Préparation : 1 h
Cuisson : 10 min
Repos : 40 min

VOS INGRÉDIENTS

Pour le financier aux framboises
100 g de farine
100 g d'amandes en poudre
220 g de sucre glace
300 g de blancs d'œuf
200 g de beurre fondu noisette
4 framboises

Pour les bonbons
100 g de crème
100 g de chocolat noir
30 g de beurre
4 feuilles de pâte filo

Pour la crème fouettée
10 cl de crème liquide très froide
1 gousse de vanille

Pour le crumble
1 pomme
50 g de mûres
50 g de fraises
1 cuillerée a café
de vinaigre balsamique
100 g de farine
50 g de sucre en poudre
+ 1 cuillerée à soupe
100 g de beurre mou
50 g de pistaches en poudre

VOS USTENSILES
4 moules à financier
Couteau
Fouet électrique
Casseroles
Verrines
Film alimentaire

LE FINANCIER AUX FRAMBOISES
Préchauffez le four à 220 °C. Mélangez soigneusement les ingrédients de la recette dans un saladier en ajoutant le beurre fondu à la fin. Laissez reposer la pâte pendant 20 minutes.

Versez la pâte dans des moules à financiers, déposez une framboise sur chaque financier et enfournez-les pendant 7 minutes. Laissez-les ensuite refroidir et réservez-les.

LES BONBONS
Portez la crème à ébullition, puis versez-la en trois fois sur le chocolat haché. Ajoutez ensuite le beurre en parcelles et lissez la ganache. Faites-la durcir 20 minutes au réfrigérateur.

Coupez la ganache en cubes et formez des bonbons avec la pâte filo. Pressez soigneusement les extrémités du bonbon. Enfournez-les pour 4 minutes dans un four chaud à 220 °C, pour leur donner une légère coloration. Saupoudrez de sucre glace à la sortie du four.

LA CRÈME FOUETTÉE
Fouettez la crème en Chantilly. Incorporez les graines de la gousse de vanille.

LE CRUMBLE
Mêlez à la main la farine, les 50 g de sucre en poudre, les pistaches et le beurre pour obtenir une consistance de sable grossier. Répartissez la pâte sur la plaque du four et enfournez pour 10 minutes à 200 °C. Émiettez de nouveau la pâte à la sortie du four.

Pelez et taillez la pomme en brunoise. Faites-la revenir dans le sucre restant, ajoutez les mûres, déglacez au vinaigre balsamique et laissez compoter. Laissez ensuite refroidir le mélange, puis ajoutez les fraises en brunoise.

Dressez en verrine, parsemez de crumble et ajoutez une pointe de chantilly sur le dessus.

L'ASTUCE DE TIFFANY :
Doublez la pâte filo pour réaliser les bonbons : ainsi, la ganache ne risquera pas de couler.

FOCUS SUR LES PÂTES ET CRÈMES DE LA PÂTISSERIE

UN BON DESSERT, UNE BONNE TARTE, UN BON GÂTEAU, RIEN NE TERMINE MIEUX UN REPAS QU'UNE PÂTISSERIE MAISON.

Les principales pâtes de la patisserie

Texture sèche : pâte brisée…
Texture moelleuse : pâte à quatre-quarts/à madeleine…
Texture sèche-moelleuse : pâte à chou/à beignet…
Texture friable : pâte sablée/à crumble…
Texture alvéolée : pâte à brioche…
Texture feuilletée : pâte feuilletée…
Texture alvéolée-feuilletée : pâte à croissant…
Texture croustillante : pâte à meringue…
Texture craquante : pâte à tuile et à tulipe…

PÂTE SABLÉE
Pour 2 moules de 28 cm de diamètre.
Ingrédients :
250 g de farine
2 jaunes d'œufs
60 g de sucre glace
125 g de beurre mou
1 pincée de sel
Facultatif : 60 g d'amandes en poudre
Dans un saladier, mélangez le beurre et la farine du bout des doigts (et éventuellement les amandes en poudre pour une pâte sablée aux amandes), pour obtenir une texture friable comme un sable grossier. Ajoutez ensuite les jaunes d'œufs, le sucre et le sel. Dès que les ingrédients sont bien amalgamés, formez rapidement une boule, puis laissez reposer la pâte au moins 30 minutes au frais avant de l'étaler.
Utilisation : tarte aux fruits, avec ou sans crème, tarte au citron, à la meringue, aux amandes, aux fraises, tarte Bourdaloue…
Tour de main : pour obtenir une vraie texture sablée, mélangez bien, en premier, le beurre et la farine.

PÂTE BRISÉE
Pour 2 moules de 28 cm de diamètre.
Ingrédients :
250 g de farine
1 jaune d'œuf
30 cl de lait
30 g de sucre en poudre
2 pincées de sel
130 g de beurre mou
Mélangez avec les mains, la farine, le jaune d'œuf, le lait, le sucre, le sel et le beurre. Dès que les ingrédients sont bien amalgamés, formez une boule, puis laissez reposer la pâte au moins 30 minutes au frais avant de l'étaler.
Utilisation : tarte aux fruits, avec ou sans crème.
Tour de main : ne pétrissez pas trop la pâte sinon elle sera très difficile à étaler.

PÂTE À TUILE
Pour 2 moules de 28 cm de diamètre.
Ingrédients :
4 blancs d'œufs environ (130 g)
130 g de sucre en poudre
130 g de beurre mou + beurre pour la plaque
130 g de farine
200 g d'amandes effilées
Dans un saladier, mélangez soigneusement le beurre

avec le sucre pendant 2 à 3 minutes. Ajoutez peu à peu les blancs d'œufs en mélangeant. Incorporez la farine. Déposez des noisettes de pâte sur une plaque beurrée, étalez-les, saupoudrez-les d'amandes effilées et enfournez la plaque pendant 4 à 5 minutes dans un four chaud à 160 °C. Décollez délicatement les tuiles, puis déposez-les encore chaudes sur un rouleau à pâtisserie, si vous les souhaitez incurvées. Laissez refroidir.

Utilisation : sans amandes, cette pâte permet aussi de préparer des langues-de-chat ou des tulipes pour accompagner les sorbets.

Tour de main : espacez suffisamment les tuiles sur la plaque : elles s'étalent un peu en cuisant.

GÉNOISE

Pour 2 moules de 25 cm de diamètre.
Ingrédients :
8 œufs
250 g de sucre en poudre
250 g de farine
80 g de beurre fondu

Mêlez les œufs et le sucre. Placez dans un bain-marie chaud et battez au fouet électrique pendant 8 à 10 minutes. Hors du feu, ajoutez la farine et le beurre, puis mélangez rapidement la pâte. Versez dans des moules beurrés et cuisez 25 à 30 minutes à 160 °C. Démoulez et laissez refroidir.

Utilisation : nature, avec une crème anglaise, ou coupée en disques et fourrée avec une crème au beurre, de la confiture ou de la gelée. Cuite à plat sur une plaque, cette pâte peut aussi servir à faire des biscuits roulés.

Tour de main : quand vous ajoutez la farine, ne mélangez pas plus que nécessaire, pour que la pâte ne retombe pas.

PÂTE À BRIOCHE

Pour 3 à 4 belles brioches.
Ingrédients :
500 g de farine
6 œufs
3 cl de lait
30 g de sucre en poudre
3 g de sel
250 g de beurre
20 g de levure de boulanger

Dans le bol du mélangeur électrique, assemblez la farine, les œufs, le lait, le sucre, le sel et la levure. Pétrissez à vitesse moyenne pendant 10 à 12 minutes. Ajoutez ensuite le beurre un peu ramolli, toujours à vitesse moyenne, morceau par morceau. Laissez la pâte reposer pendant une nuit au réfrigérateur. Le lendemain, transvasez-la dans un moule à brioche, laissez-la gonfler pendant 3 heures, puis faites-la cuire pendant 30 à 35 minutes, selon la taille, à 160 °C. Démoulez et laissez refroidir.

Utilisation : nature ou à utiliser pour faire de succulents fonds de tarte.

Tour de main : incorporez le beurre, peu à peu, préalablement coupé en morceaux de la taille d'une noisette.

PÂTE À CHOU
Pour 8 à 12 choux ou éclairs
Ingrédients :
125 g de farine + farine pour la plaque
4 œufs
25 cl de lait
15 g de sucre en poudre
2 g de sel
60 g de beurre + beurre pour la plaque
Dans une casserole, assemblez le lait, le sel, le sucre et le beurre en morceaux. Portez à ébullition, puis retirez du feu. Ajoutez la farine d'un coup, mélangez. Placez sur feu doux, faites cuire en mélangeant pendant 1 minute environ, puis retirez du feu. Ajoutez les œufs un par un. Déposez la pâte sur une plaque beurrée et farinée, faites cuire pendant 20 à 25 minutes à 200 °C. Retirez du four et laissez refroidir.
Utilisation : à garnir de crème pâtissière nature, à la vanille, au café, au chocolat, au pralin.
Tour de main : n'ouvrez jamais le four en cours de cuisson sinon les choux retomberont et resteront plats.

Personnalisez vos crèmes

Voici de quoi personnaliser vos crèmes anglaises et vos crèmes pâtissières

CRÈME ANGLAISE
Remplacez la vanille par des feuilles de menthe, de l'anis étoilé, de l'anis vert, un bâton de cannelle, du gingembre frais, pelé et haché. Vous pouvez également utiliser du miel plutôt que du sucre en poudre, mais aussi du sucre roux ou du sucre muscovado. Il est également possible d'ajouter un peu d'armagnac, de whisky single malt ou de rhum dans le crème refroidie.

CRÈME PÂTISSIÈRE
Pour la rendre plus mousseuse, ajoutez-y 20 cl de crème liquide fermement battue. Pour l'alléger, ajoutez 4 blancs d'œufs battus fermement avec 40 g de sucre glace. Dans ce cas, ajoutez les blancs battus dans la crème encore chaude. Quant aux parfums, remplacez la vanille par des zestes d'agrume très finement râpés, par du gingembre confit haché, des fleurs de guimauve ou encore des fruits confits hachés.

LES ESPUMAS SUCRÉS : ORIGINAUX ET TENDANCE
Avec un siphon et quelques cartouches de gaz adaptées (N° 2, à vérifier sur l'emballage), préparez des « espumas », des mousses parfumées qui étonneront vos invités ! Voici deux recettes à préparer rapidement et à personnaliser selon vos goûts.

Espuma de marrons

Dans un saladier, mélangez avec un fouet à main, 15 cl de crème liquide très froide, 30 g de sucre glace, 150 g de crème de marron. Mélangez bien et filtrez la préparation à travers une passoire fine. Versez la préparation dans le siphon et placez au réfrigérateur pendant 30 minutes. Ajoutez 3 cuillerées à soupe d'armagnac directement dans le siphon, puis fermez-le. Engagez la cartouche de gaz, secouez le siphon, puis laissez reposer pendant 2 à 3 minutes. Pressez doucement sur le bec pour faire sortir l'espuma du siphon.
<u>Présentation</u> : servez cet espuma très gourmand avec un nougat glacé, une glace au caramel ou à la vanille. Combinez-le avec un tiramisu, une crème brûlée…
<u>Personnalisation</u> : décorez l'espuma avec quelques brisures de marron glacé…

Trois bonnes crèmes pour vos pâtisseries

• Crème pâtissière
Faites bouillir 75 cl de lait dans une casserole. Versez-le sur 4 jaunes d'œufs préalablement mélangés à 140 g de sucre en poudre et à 70 g de farine. Mélangez, reversez dans la casserole et portez à ébullition en mélangeant. Hors feu, ajoutez 40 g de beurre. Laissez refroidir.
Autres parfums : vanille, chocolat, praliné, café, rhum.

• Crème Chantilly à la vanille
Battez fermement 40 cl de crème liquide très froide avec les graines de 4 gousses de vanille et 70 g de sucre glace. Autres parfums possibles : cacao, café soluble.

• Crème aux amandes
Mêlez à 100 g de crème pâtissière, 100 g de sucre en poudre, 180 g d'amandes en poudre, 50 g de beurre fondu, 1 cuillerée à soupe de farine et 1 cuillerée à soupe de rhum. Versez cette crème sur un fond de pâte brisée ou sablée, déposez quelques fruits et enfournez.

POUR 4 PERSONNES
POMME'POMME

Préparation : 45 min
Cuisson : 30 min

VOS INGRÉDIENTS
Pour la compotée de pomme
2 pommes granny-smith
1 noix de beurre
50 g de sucre en poudre
30 cl de cidre doux
1 gousse de vanille
Pour les pommes au safran
4 pommes canada
50 cl de cidre
1 dose de safran en poudre
100 g de sucre en poudre
Pour la gelée de cidre
3 feuilles de gélatines
50 cl de cidre
50 g de sucre en poudre
25 g de gingembre frais
Pour le caramel
200 g de sucre en poudre
100 g de Menthos® à la pomme
Huile
Pour la présentation
Quelques feuilles de menthe
Quelques boules de pomme

VOS USTENSILES
Casserole
Couteau
Poêle
Robot mixeur
Cuillère parisienne
Râpe

LA COMPOTÉE DE POMME
Épluchez, épépinez et coupez grossièrement les pommes granny-smith, puis faites-les sauter avec le beurre et le sucre dans une poêle pendant 5 minutes environ. Ajoutez ensuite le cidre et poursuivez à feu doux jusqu'à ce que les pommes soient cuites.

Grattez l'intérieur de la gousse de vanille, ajoutez les graines de la gousse aux pommes en cours de cuisson. Mixez afin d'obtenir une consistance lisse et épaisse.

LES POMMES AU SAFRAN
Pelez et épépinez les pommes canada. Coupez-les en cubes et faites-les cuire dans le cidre avec le safran et le sucre pour les faire confire. Laissez refroidir et réservez.

LA GELÉE DE CIDRE
Faites tremper les feuilles de gélatines dans de l'eau froide jusqu'à ramollissement.

Faites chauffer le cidre, avec le gingembre râpé et le sucre. Ajoutez la gélatine, répartissez la gelée dans les assiettes creuses de service, et laissez solidifier au frais.

LE CARAMEL
Faites chauffer le sucre dans une casserole et faites caraméliser, à feu doux, en remuant.

Concassez les bonbons Menthos® et ajoutez-les au caramel encore chaud. Versez en fine couche sur un plat (ou un marbre) huilé. Laissez solidifier, puis brisez pour obtenir de beaux éclats.

Déposez harmonieusement sur la gelée bien solidifiée, de la pomme à la vanille, de la pomme au safran et décorez avec un éclat de caramel, de la menthe et une ou deux boules de pommes réalisées à l'aide d'une cuillère parisienne.

L'ASTUCE D'ALEXIS :
Pour gagner du temps, préparez les assiettes de gelée la veille : il ne vous restera plus qu'à préparer les pommes.

POUR 4 PERSONNES
MADELEINE, ÉMULSION AUX MARRONS ET RIZ CARAMÉLISÉ

Préparation : 1 h
Cuisson : 25 min
Repos : 20 min

VOS INGRÉDIENTS
Pour les madeleines
100 g de beurre demi-sel
+ beurre pour le moule
100 g de farine
100 g d'amandes en poudre
100 g de sucre en poudre
8 g de baking powder
Le zeste râpé de 1 citron
Pour le caramel
100 g de beurre demi-sel
2 feuilles de gélatines
300 g de sucre en poudre
Pour l'émulsion aux marrons
2 feuilles de gélatine
15 cl de crème
200 g de purée de marrons
50 cl de lait
4 mûres
Pour le riz caramélisé
100 g de sucre en poudre
100 g de Rice Krispies®
100 g de chocolat
5 feuilles de roses
50 g de pistaches

VOS USTENSILES
Couteau
Casseroles
Fouet à main
Chinois
Siphon
Moule à madeleines
Saladier
8 petits pots
Spatule en bois

LES MADELEINES
Placez le beurre dans une casserole et portez à ébullition. Dès qu'il est légèrement coloré, retirez-le du feu et laissez-le refroidir. Assemblez tous les ingrédients de la recette dans un saladier et mélangez avec un fouet. Laissez reposer pendant 20 minutes.

Beurrez ensuite les moules, puis remplissez-les de pâtes. Enfournez à 200 °C pendant 15 minutes. Sortez le moule du four, démoulez les madeleines et réservez-les.

LE CARAMEL
Faites tremper 2 feuilles de gélatine pendant 5 minutes dans un bol d'eau froide. Dans une casserole, assemblez le beurre, le sucre et un peu d'eau. Portez à ébullition et réalisez un caramel blond. Hors du feu, ajoutez les feuilles de gélatine essorées, versez la préparation dans 4 petits pots, puis laissez refroidir.

L'ÉMULSION AUX MARRONS
Faites tremper les feuilles de gélatines pendant 5 minutes dans un bol d'eau froide.

Portez la crème à ébullition. Hors du feu, ajoutez la gélatine essorée, la purée de marrons et le lait. Mélangez bien, filtrez, puis remplissez le siphon aux deux tiers.

Fermez, enclenchez une cartouche de gaz et réservez au frais. Répartissez ensuite cette préparation dans 4 autres petits pots.

LE RIZ CARAMÉLISÉ
Faites caraméliser le sucre « à blond » dans une casserole, ajoutez les Rice Krispies® et mélangez avec une spatule en bois. Placez le riz caramélisé dans un moule et laissez-le durcir.

Pendant ce temps, faites fondre le chocolat au bain-marie. Cassez le bloc de Rice Krispies® en au moins quatre fragments et nappez-les de chocolat fondu.

Ajoutez au dernier moment les pistaches concassées et les feuilles de rose hachées. Laissez le chocolat prendre.

Sur des assiettes ou dans des coupes, déposez les pots de caramel ainsi qu'une madeleine. Déposez également un petit pot à l'émulsion de marron surmonté d'une mûre. Placez à côté un fragment de riz caramélisé au chocolat. Accompagnez d'un espresso et servez aussitôt.

L'ASTUCE DE PIERRE SANG :
Pour vérifier la bonne couleur d'un caramel en cours de cuisson, trempez un peu de papier de cuisson dans le caramel en ébullition. Vous pourrez ainsi vérifier précisément sa couleur et obtenir un caramel pâle, blond ou, au contraire, très foncé.

POUR 4 PERSONNES
POIRE BELLE-HÉLÈNE REVISITÉE

Préchauffez le four à 180 °C. Épluchez les poires, coupez-les en quatre, épépinez-les. Placez-les dans un plat à four et faites-les rôtir avec 2 noix de beurre. Enfournez pendant 15 à 20 minutes. Réservez.

Coupez l'ananas, les mandarines et la pomme épluchés en petits dés. Dans une poêle, faites sauter ces fruits en dés, avec une noix de beurre, le sucre et le zeste de citron vert haché.

Baissez l'intensité du feu, couvrez la préparation et laissez compoter pendant 10 minutes. Retirez du feu et réservez.

Râpez la moitié chocolat et réservez. Faites une crème Chantilly en battant fermement la crème liquide et le sucre glace. Ajoutez au dernier moment le chocolat râpé dans cette crème.

Faites fondre le chocolat restant au bain-marie et trempez-y l'extrémité des poires. Déposez-les sur du papier de cuisson et laissez prendre le chocolat.

Sur une assiette, ou sur une planche, disposez harmonieusement les fruits sautés à la poêle, les quarts de poires trempés dans le chocolat, puis la crème chantilly au chocolat.

L'ASTUCE DE PAUL ARTHUR ET DE TIFFANY :
Ne faites pas fondre le chocolat en le faisant trop chauffer : il ne serait pas brillant.
Une température très douce, juste tiède suffit et convient parfaitement.

Préparation : 40 min
Cuisson : 35 min

VOS INGRÉDIENTS
2 poires
3 noix de beurre
200 g d'ananas pelé
2 mandarines
1 pomme
30 g de sucre en poudre
1 zeste de citron vert
120 g de chocolat
50 g de crème liquide
1 cuillerée à soupe de sucre glace

VOS USTENSILES
Poêle
Plat à four
Râpe
Couteau
Casseroles
Fouet électrique
Papier de cuisson

POUR 4 PERSONNES
PLAISIRS GOURMANDS

Préparation : 1 h
Cuisson : 10 min

VOS INGRÉDIENTS
Pour la bouchée mangue-coco
1 mangue
10 g de noix de coco râpé
1 fruit de la passion
4 violettes en sucre
Pour la pomme tatin
20 g de sucre en poudre
20 g de beurre
1 pomme
1 gousse de vanille
1 cuillerée à soupe de miel
2 pâtes filo
1 noix de beurre
Pour la mousse à la vanille
150 g de mascarpone
1 gousse de vanille
1 œuf
40 g de sucre en poudre

VOS USTENSILES
Couteau
Casserole
Cuillère parisienne
Poêles
4 ramequins

LA BOUCHÉE MANGUE-COCO
Épluchez la mangue et prélevez la chair. Tapissez-en l'intérieur d'un petit emporte-pièce rond. Prélevez une bille de chair de mangue à l'aide d'une cuillère parisienne dans le socle de mangue et passez-la dans la noix de coco. Confectionnez 3 autres bouchées.

Hachez les chutes de mangue et mélangez-les avec le jus du fruit de la passion. Versez un peu de ce jus dans le socle de mangue, puis déposez une bille à la noix de coco.

LA POMME TATIN
Faites un caramel dans une casserole avec le sucre, puis ajoutez le beurre et la pomme coupée en quartiers. Ajoutez aussi la gousse de vanille et le miel. Quand la pomme est cuite et caramélisée, retirez la casserole du feu et laissez refroidir.

Placez 4 bandes de pâte filo devant vous et déposez un quartier de pomme cuite sur chacune. Confectionnez 4 nems.

Faites colorer les nems dans une poêle, avec le beurre, à feu doux, pendant 4 minutes en les retournant souvent.

LA MOUSSE À LA VANILLE
Cassez l'œuf en séparant le blanc du jaune et mélangez le jaune avec le sucre.

Battez le blanc d'œuf en neige. Incorporez le mascarpone et le contenu de la gousse de vanille dans le jaune d'œuf sucré.

Incorporez, pour finir, le blanc en neige. Répartissez la mousse dans des ramequins.

Sur chaque assiette déposez un espresso, une bouchée mangue-coco surmontée d'une violette en sucre, le hachis de mangue à la passion, un nem de pomme caramélisée et une mousse à la vanille.

L'ASTUCE DE PAUL ARTHUR :
Ne mélangez pas trop le mascarpone car il forme très vite des grumeaux. Pour réaliser les nems, prenez, si possible, des pommes reinettes. Fabriquez un bonbon en trempant une noisette dans du caramel. Déposez-le sur l'assiette pour décorer.

POUR 4 PERSONNES

ANANAS RÔTI, COING À LA VERVEINE ET AVOINE AU POIVRE DE SICHUAN

L'ANANAS CARAMÉLISÉ
Épluchez l'ananas. Taillez-le en quatre et ôtez le cœur. Faites caraméliser les quarts d'ananas à la plancha. Réservez.

Passez les pommes et le gingembre à la centrifugeuse. Videz le jus obtenu dans une casserole, portez à ébullition. Faites réduire pour obtenir un caramel. Réservez.

LE COING POCHÉ
Taillez le coing épluché et épépiné en petits dés, pochez-les 10 minutes dans un sirop préparé avec la stevia, l'eau et la verveine. Versez dans quatre ramequins et réservez.

L'AVOINE AU POIVRE
Faites cuire les flocons d'avoine dans une casserole, avec de l'eau. Égouttez-les et laissez-les refroidir. Dans un saladier, mélangez-les avec le fromage blanc, le poivre et la stevia. Réservez.

LA FINITION
Taillez l'ananas à votre guise. Coupez les fruits de la passion en deux et prélevez la pulpe avec une cuillère à café.

Disposez les flocons d'avoine en triangle dans 4 assiettes. Posez dessus un morceau d'ananas et agrémentez de pulpe de fruits de la passion. Déposez un ramequin de sirop au coing sur chaque assiette et décorez de quelques gouttes de caramel.

L'ASTUCE DE STÉPHANIE ET DAVID :
Déposer un papier d'aluminium sur l'ananas en cours de cuisson à la plancha afin qu'il soit bien confit à cœur.

Préparation : 50 min
Cuisson : 30 min

VOS INGRÉDIENTS
Pour l'ananas caramélisé
1 ananas Victoria
2 pommes
30 g de gingembre frais
Pour le coing poché
1 coing
30 g de stevia
1 l d'eau
2 branches de verveine
Pour l'avoine au poivre
50 g de flocons d'avoine
150 g de fromage blanc maigre
1 cuillerée à soupe
de poivre de Sichuan.
20 g de stevia
Pour la finition
4 fruits de la passion

VOS USTENSILES
Plancha
Centrifugeuse
Casserole
Couteau
4 verrines

POUR 4 PERSONNES
CAFÉ ET SES PLAISIRS CHOCOLATÉS

Préparation : 1 h
Cuisson : 40 min

VOS INGRÉDIENTS
Pour la ganache
50 g de crème
2 branches de menthe
100 g de chocolat
Pour les pruneaux
4 pruneaux
25 cl de vin rouge
1 gousse de vanille
5 g de sucre en poudre
25 g de chocolat noir
1 zeste de kumbawa
Pour la pâte
25 g de beurre
10 g d'amandes en poudre
25 g de sucre en poudre
30 g de farine
1 jaune d'œuf
Sucre glace
Pour la chantilly et le décor
5 cl de crème liquide
6 framboises
Sucre glace
1 goutte d'essence de rose

VOS USTENSILES
Couteau
Casseroles
Bâtonnets
4 ramequins
Fouet à main
Écumoire

LA GANACHE
Faites infuser la menthe dans la crème chaude pendant 3 minutes. Filtrez, jetez la menthe et versez la crème bouillante sur le chocolat haché. Fouettez énergiquement, puis laissez refroidir.

Quand la préparation est froide et malléable, divisez-la en quatre, et piquez un bâtonnet au centre de chaque portion. Réservez.

LES PRUNEAUX
Faites cuire 15 minutes les pruneaux dans le vin rouge avec la gousse de vanille et le sucre.

Retirez les pruneaux à l'aide d'une écumoire, la gousse de vanille et faites bouillir et réduire presque à sec le jus de cuisson.

Ajoutez ensuite le chocolat et le zeste de kumbawa haché. Versez les pruneaux coupés et répartissez cette préparation dans 4 ramequins. Réservez.

LA PÂTE
Préchauffez le four à 180 °C. Faites fondre et blondir le beurre, puis retirez-le du feu et laissez-le refroidir.

Mélangez le beurre refroidi avec le sucre, les amandes en poudre, la farine et un jaune d'œuf pour faire une pâte. Étalez cette dernière, découpez 4 petits cercles et faites-les cuire pendant 10 minutes au four avec un peu de sucre glace.

LA CHANTILLY ET LE DÉCOR
Montez la crème et 1 cuillerée à soupe de sucre glace en chantilly. Quand elle est ferme, ajoutez l'essence de rose. Recouvrez les cercles de pâte de crème Chantilly et déposez des framboises par-dessus, saupoudrez de sucre glace.

Sur les assiettes de service, déposez les bâtonnets au chocolat, les ramequins de pruneaux, un espresso et les tartelettes aux framboises.

L'ASTUCE DE FANNY :
Pour que les cercles de pâtes cuisent régulièrement et ne forment pas de bosses qui nuiraient à la présentation, recouvrez-les de papier de cuisson et déposez par-dessus des haricots secs que vous retirerez ensuite.

POUR 4 PERSONNES
CRUMBLE BIOTIFUL

Préparation : 30 min
Cuisson : 40 min

VOS INGRÉDIENTS
Pour les fruits
4 poires bio
4 pommes bio
1 bâton de cannelle
Pour la pâte à crumble
100 g d'amandes
100 g de beurre mou
100 g de farine
100 g de cassonade

VOS USTENSILES
Couteau
Casserole
4 moules individuels
Poêle

LES FRUITS
Épluchez puis épépinez les pommes et les poires. Coupez-les en quartiers, puis en tranches ou en morceaux pas trop gros.

Dans une casserole, assemblez les poires, les pommes et le bâton de cannelle. Faites chauffer à feu moyen, couvrez et laissez cuire lentement, en mélangeant de temps en temps.

Quand les fruits sont cuits en compote, retirez la casserole du feu et laissez refroidir.

LA PÂTE À CRUMBLE
Concassez assez finement les amandes avec un couteau, puis faites-les griller quelques minutes dans une poêle chauffée à feu moyen en remuant souvent. Laissez refroidir.

Avec les mains, mélangez le beurre avec la farine pour obtenir une préparation très friable et sableuse. Ajoutez de la même manière la cassonade et les amandes.

Préchauffez le four à 200 °C. Répartissez la compote de fruits dans 4 moules individuels. Saupoudrez par-dessus la pâte à crumble. Enfournez pendant 20 minutes, puis servez chauds ou tièdes.

L'ASTUCE DE TIFFANY :
Quand vous préparez la compote de fruits, ne coupez pas les pommes et les poires trop finement afin que des morceaux subsistent, soient apparents et apportent un peu de texture.

POUR 4 PERSONNES

CANNELLONI D'ANANAS EXOTIQUE, BROWNIE ET TARTELETTE DE FRUITS ROUGES

Préparation : 1 h
Cuisson : 53 min

VOS INGRÉDIENTS

Pour les bouchées à l'ananas
4 tranches d'ananas
¼ de mangue
¼ de papaye
1 fruit de la passion
1 citron kumbawa
2 pincées de pâte à kadaïf
1 cuillerée à soupe de sucre glace

Pour les brownies
100 g de chocolat
50 g de beurre
2 œufs
80 g de farine
5 g de levure chimique
40 g de noix caramélisées

Pour la crème d'amande
100 g d'amandes en poudre
100 g de beurre
70 g de sucre en poudre
1 œuf

Pour les tartelettes
125 g de farine
65 g de beurre
1 pincée de sel
1 pincée de sucre en poudre
2,5 cl d'eau
1 jaune d'œuf
1 cuillerée à soupe de sucre glace
+ pour le décor
10 cl de crème liquide froide
4 fraises
4 mûres
1 grappe de groseilles

VOS USTENSILES

4 moules à tartelette
4 moules à brownie
Râpe

LES BOUCHÉES À L'ANANAS

Préchauffez le four à 180 °C. Taillez tous les fruits (sauf l'ananas) en petits dés. Placez-les dans un saladier. Assaisonnez-les avec le zeste de kumbawa râpé.

Roulez les tranches d'ananas dans la préparation pour obtenir des sortes de cannellonis.

Saupoudrez soigneusement la pâte à kadaïf de sucre glace, puis faites-la cuire dans le four pendant 10 minutes. Réservez. Laissez le four allumé.

LES BROWNIES

Faites fondre le chocolat au bain-marie ou dans le four à micro-ondes. Ajoutez ensuite le beurre fondu, puis les œufs, la farine et la levure chimique.

Versez la pâte dans des moules à brownies, saupoudrez de noix caramélisées et faites cuire à 180 °C pendant 8 minutes. Retirez du feu et réservez.

LA CRÈME D'AMANDE

Mélangez le beurre mou et le sucre à l'aide d'un fouet. Ajoutez l'œuf, puis les amandes en poudre. Réservez.

LES TARTELETTES

Mélangez la farine et le beurre, ajoutez le sel, le sucre et intégrez l'eau et le jaune d'œuf pour réaliser une pâte brisée. Formez une boule et laissez reposer pendant 20 minutes au frais.

Pendant ce temps préparez la chantilly en battant fermement 1 cuillerée à soupe de sucre glace et la crème liquide.

Étalez la pâte, chemisez-en 4 moules à tartelette, garnissez-les de crème d'amande et enfournez-les pendant 35 minutes.

Sortez les tartelettes du four et laissez-les refroidir. Recouvrez-les ensuite de chantilly, puis décorez avec les fruits rouges et un peu de sucre glace.

Sur les assiettes de service, déposez un espresso, un brownie, une tartelette et une bouchée d'ananas recouverte d'un peu de pâte à kadaïf.

L'ASTUCE DE STÉPHANIE :

Préparez les fonds de tartelette avec la crème d'amande à l'avance et congelez-les crus. Il ne vous restera plus qu'à les faire cuire au four, encore congelés, puis à les garnir de fruits.

POUR 4 PERSONNES

MOUSSE CHAUDE AU CHOCOLAT ET SEGMENTS DE PAMPLEMOUSSE

Préparation : 1 h
Cuisson : 10 min

VOS INGRÉDIENTS
2 pamplemousses
2 cuillerées à soupe de miel
300 g de chocolat au lait
170 g de beurre
6 œufs
120 g de sucre en poudre

VOS USTENSILES
Couteau
Fouet à main
Fouet électrique
Casserole
4 ramequins allant au four
Poêle

Coupez les pamplemousses, ôtez la peau et prélevez délicatement les segments de chairs.

Égouttez les segments de pamplemousse, puis poêlez-les avec le miel pendant 2 minutes. Retirez-les du feu et réservez-les.

Faites fondre le chocolat avec le beurre au bain-marie. Retirez du feu et réservez.

Cassez les œufs en séparant les blancs des jaunes. Fouettez les jaunes à l'aide d'un fouet à main avec les trois quarts du sucre et mêlez-les au chocolat fondu en remuant sans cesse. Laissez refroidir pendant quelques minutes.

Montez les blancs d'œufs en neige avec le sucre restant, puis incorporez-les au chocolat.

Disposez soigneusement les segments de pamplemousse dans les ramequins, couvrez de mousse et enfournez pendant 10 minutes dans un four chaud à 190 °C. Servez aussitôt.

L'ASTUCE DE RONAN :
Pour que les blancs d'œufs forment une neige bien ferme, le saladier dans lequel vous les battez doit être parfaitement propre : pensez à le rincer et à l'essuyer avant de commencer.

INDEX DES RECETTES

LES ENTRÉES

BOUCHÉES DE VOLAILLE FAÇON ASIATIQUES STÉPHANIE ET DAVID 66
BOUCHÉE SUCRÉE-SALÉE D'AVOCAT PIERRE SANG 34
CANNELLONIS D'ÉPAULE CONFITE AUX SAVEURS D'UN COUSCOUS STÉPHANIE 32
CARPACCIO DE SAINT-JACQUES À LA CAROTTE LUDOVIC 68
CHAMPIGNONS DE PARIS FARCIS ET LOMOS TRANCHÉ FANNY 64
DINDE FARCIE AUX FIGUES ET POCHÉES AU THÉ ABRAHAM ET FANNY 58
ŒUF MOLLET DES BOIS ALEXIS 36
FILET DE TRUITE ET SES FRUITS DE LA PASSION STÉPHANIE 38
FOIE GRAS POÊLÉ AUX TOPINAMBOURS ET CÈPES RONAN 56
FRAÎCHEUR DE GAMBAS TIFFANY 62
GIGOT AUX POIVRONX PAUL ARTHUR 40
* LE PAIN PERDU FAÇON PAN-BAGNAT CYRIL LIGNAC 24
* MÉDAILLON DE HOMARD SUR UNE PURÉE DE POIS CASSÉS À L'HUILE DE NOISETTES ET AU CAVIAR GHISLAINE ARABIAN 10
PARMENTIER D'AGNEAU AUX OLIVES NOIRES ET CORIANDRE FANNY 42
ROULÉ DE BLETTES AU CHÈVRE FRAIS ABRAHAM 44
SAINT-JACQUES RÔTIES, MARINIÈRE DE COQUILLAGES AU BEURRE DE GINGEMBRE PAUL ARTHUR 52
TOASTS OIGNON-COMTÉ PAUL ARTHUR 30
VELOUTÉ DE POTIRON À LA RÉGLISSE PIERRE SANG 60
VENT DU SUD STÉPHANIE 54

LES PLATS

BLANQUETTE DE VEAU, CROQUETTES DE RIZ ABRAHAM ET FANNY 116
BŒUF BOURGUIGNON REVISITÉ MATTHIEU ET ALEXIS 86
BOUDIN NOIR VERSION ANGLAISE FANNY 120
* CARRÉ D'AGNEAU, POMMES DE TERRE, CHAMPIGNON ET JUS À BASE DE VINAIGRE BALSAMIQUE THIERRY MARX 18
CANARD, SAUCE DOUCE, CONCOMBRE FARCI FANNY ET STÉPHANIE 114
CHOUCROUTE CONTEMPORAINE TIFFANY ET RONAN 84
CROMESQUIS D'ANDOUILLETTE PAUL ARTHUR 110
DÉCLINAISON DE CHOUX ET FENOUIL RONAN 106
DOS DE BAR EN INFUSION DE CREVETTES TIFFANY, FANNY ET STÉPHANIE 78
DOS DE CHEVREUIL RÔTI ET GARNITURE D'AUTOMNE STÉPHANIE, PAUL ARTHUR ET LUDOVIC 118
DOS DE SAUMON, MARINADE MANGUE-PAPAYE STÉPHANIE 74
ÉMINCÉ DE STEAK DE CHEVAL ET SON CARAMEL DE GINGEMBRE STÉPHANIE 80

FRICASSÉ DE ROGNONS À LA MANIÈRE DE MON GRAND-PÈRE PIERRE SANG 112
FROG, MY LOVE TIFFANY 76
GAMBAS RÔTIES ET LEUR JUS CORSÉ FANNY ET ALEXIS 82
* MACARONIS TRUFFÉS, CALAMARS AU CHORIZO CHRISTIAN CONSTANT 12
MAGRET DE CANARD DÉGLACÉ AU BALSAMIQUE ET SES PETITS POIS FRAIS DAVID 72
MOULES CREVETTES ET POMMES PAILLE TIFFANY 104
PASTA BOLO STÉPHANIE 90
* POULE AU POT JEAN-FRANÇOIS PIÈGE 20
* POULET EN 2 CUISSONS, LÉGUMES CARAMÉLISÉS THIERRY MARX 16
POISSON AUX AGRUMES ET SA CRÈME DE CRESSON STÉPHANIE ET DAVID 108
RÂBLES DE LIÈVRE RÔTIS, À L'ANANAS ET AU GINGEMBRE STÉPHANIE 102
ROULÉ DE RATATOUILLE ET SUPRÊME DE VOLAILLE LAQUÉE ALEXIS 92
* SAINT-JACQUES POÊLÉES PURÉE DE TOPINAMBOURS ET TRUFFES GHISLAINE ARABIAN 8
SAUMON AUX PANAIS, MAYONNAISE AUX AGRUMES DAVID 88
SOLE SUR ARRÊTES ET LÉGUMES D'ASIE PIERRE SANG 100

LES DESSERTS

ANANAS RÔTI, COING À LA VERVEINE ET AVOINE AU POIVRE NOIR DE SICHUAN STÉPHANIE ET DAVID 148
CANNELLONI D'ANANAS EXOTIQUE, BROWNIE ET TARTELETTE DE FRUITS ROUGES STÉPHANIE 154
CAFÉ ET SES PLAISIRS CHOCOLATÉS FANNY 150
* CANNELLONIS AU CHOCOLAT CHRISTIAN CONSTANT 14
CRUMBLE BIOTIFUL TIFFANY 152
FINANCIER, BONBON AU CHOCOLAT ET CRUMBLE AUX FRUITS ROUGES TIFFANY 134
FRUITS CROUSTILLANTS FANNY 132
* GÂTEAU À LA POMME ET AU COING JEAN-FRANÇOIS PIÈGE 22
* LE BONBON GLACÉ AU CARAMBAR ET À LA NOISETTE CYRIL LIGNAC 26
MADELEINE, ÉMULSION AUX MARRONS ET RIZ CARAMÉLISÉ PIERRE SANG 142
MOUSSE CHOCOLAT, CARAMEL ET PAMPLEMOUSSE TIFFANY 128
MOUSSE CHAUDE AU CHOCOLAT ET SEGMENTS DE PAMPLEMOUSSE RONAN 156
PLAISIRS GOURMANDS PAUL ARTHUR 146
POMME' POMME ALEXIS 140
POIRE BELLE-HÉLÈNE REVISITÉE PAUL ARTHUR ET TIFFANY 144
POIRE POCHÉE À LA VANILLE ET SA CRÈME D'AMANDE ALEXIS 126
SABAYON AU THYM ET ANANAS RÔTI PIERRE SANG ET ALEXIS 130
TIRAMISU ET SA VERRINE DE FRUITS ROUGES ABRAHAM 124

TEXTES
Avec la collaboration rédactionnelle de Stéphane LAGORCE, relecture Nadine JEANNE

PHOTOGRAPHIES
©Pierre-Olivier
Aimery CHEMIN : Christian CONSTANT, Jean-François PIÈGE et Ghislaine ARABIAN ;
Mathilde DE L'ECOTAIS : Thierry MARX ; Thomas DHELLEMME : Cyril LIGNAC

CONCEPTION GRAPHIQUE & RÉALISATION
Agnès FALANDRY

M6 ÉDITIONS tient à remercier pour leur précieuse aide :

LES PARTENAIRES DU LIVRE
Luminarc, Chef & Sommelier, EKOBO, Garnier Thiebaut

EQUIPES STUDIO 89 ET M6
Florence DUHAYOT, Stéphane RAK, Henri DE FONTAINE, Matthieu BAYLE, Marc DE SUZZONI, Gery LEYMERGIE, Sybille DE BRIANSON, Valérie CALAZEL, Patricia MACCHINI, Bertrand DELMAS

CHEFS
Thierry MARX, Jean-François PIÈGE, Ghislaine ARABIAN, Christian CONSTANT, Cyril LIGNAC

CANDIDATS
Abraham DE LA ROSA, Pierre Sang BOYER, Fanny REY, Stéphanie LE QUELLEC, Alexis BRACONNIER, Tiffany DEPARDIEU, Ludovic TURAC, David GILABERT, Matthieu LESTRADE, Paul Arthur BERLAN, Adrien CLAUWAERT, Gregory DELOBE, Christophe BIDARD

CRÉDIT PHOTO
Pour les pages 46 à 51, 94 à 99, 137 à 139 Fotolia©

© 2011, M6 Éditions
89, avenue Charles de Gaulle – 92575 Neuilly-sur-Seine cedex.
Tous droits réservés. Toute reproduction ou utilisation de l'ouvrage sous quelque forme et par quelque moyen électronique, photocopie, enregistrement ou autre que ce soit, est strictement interdite sans l'autorisation de l'éditeur.
TOP CHEF is a trademark of BRAVO MEDIA LLC. © BRAVO MEDIA LLC 2011
TOP CHEF - produit en France par Studio 89

Dépôt légal : mars 2011
Achevé d'imprimer en Italie en avril 2011
ISBN : 978-2-35985-047-5